ちくま新書

古墳の古代史

——東アジアのなかの日本

森下章司
Morishita Shoji

1 2

古墳の古代史

――東アジアのなかの日本

【目次】

はじめに

†古代東アジアの交流

二〇一三年三月、私は念願の調査地であった中国・四川の地、成都国際空港に到着した。目的はこの地の漢代の考古資料、とくに銅鏡の調査である。実は、この四川で後漢代、約千八百年前に製作された鏡が、遠く離れた海東の地、日本の古墳からみつかっているのだ。両者の距離はざっと三〇〇〇キロメートル、中国でも西端の地から、それらの鏡はいったいどの経路を通り、どのようなひとびとによって運ばれたのであろうか【図1】。

その前年の暑い夏は、愛知県犬山市にある著名な前方後方墳、東之宮古墳の埋葬施設の再調査に参加していた。木曽川を見下ろす山頂にあり、濃尾平野が一望できる絶好の地に築かれた古墳だ。この古墳からは以前の調査で、日本での出土は珍しい斜縁同向式神獣鏡

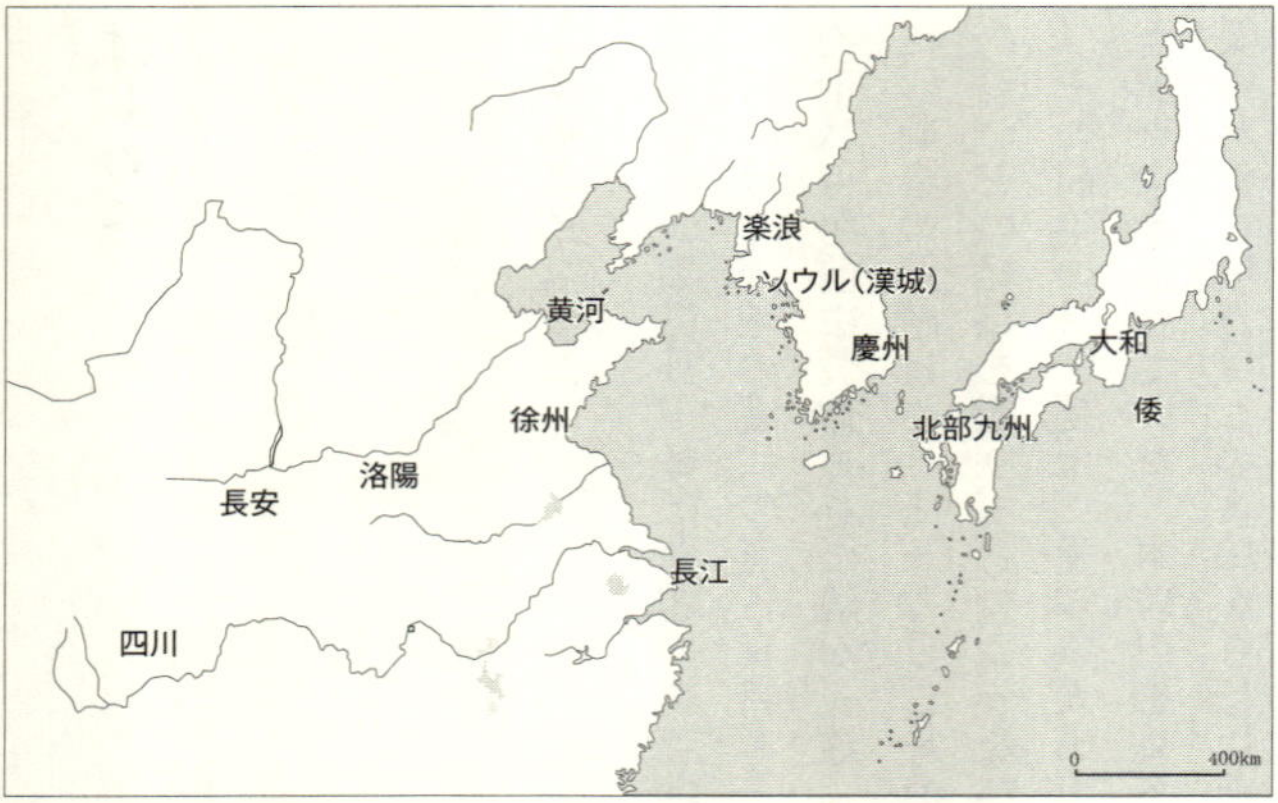

図１　東アジア地図

と呼ばれる銅鏡が出土している。

たまたまではあるが、この年に江蘇省徐州市の銅鏡調査に参加することができた。東之宮古墳出土の斜縁同向式神獣鏡のふるさとは、この徐州地方にあることがわかっている。こちらの方の距離は、一七〇〇キロメートル。昨日まで立っていた古墳に至る、はるかな道のりに思いをはせた。

考古学の醍醐味のひとつは、古代の壮大な交流の姿について、実物資料を通じて肌で感じ取れることにある。「交流」という古代から続く人間活動は、ひとびとを惹き寄せるチカラがある。シルクロードを特集したテレビ番組が以前にヒットしたのは、「交流」というテーマの魅力によるところが大きいだろう。

古代日本（以降は「倭」と呼ぶことにする）

と、中国との直接的な「交流」が考古資料にあらわれるのは弥生時代の中ごろからである。古墳時代にかけて、そのつながりは深さを増す。『後漢書』、『三国志』など中国の文献史料に倭が登場する時期だ。飛鳥・奈良時代へと続く東アジアの交流時代のはじまりである。この時代から、倭をふくむ中国周辺地域は大きな変貌をとげる。

†渦巻の発達と墳墓

本書で主に扱う紀元前一〜四世紀、中国と朝鮮半島、倭の地域（曖昧なくくり方ではあるが、これらの地域をまとめて「東アジア」と呼んでおく）は、大きな社会変動のときを迎えた。それを大小さまざまな「渦巻」の運動としてイメージしてみる。

「渦巻」とは、各地域において社会の集団化と階層化が進み、有力者・支配者などが現れた時代から、「王」や「大王」と呼ばれる多くの集団を束ねる存在の支配者が登場するまでの段階の地域社会を示す表現である。身分の差や有力者・支配者という中心は存在するものの、位階制など社会的な仕組みとしては固まっておらず、また領域も明確な境界は形成していない。このような状態を「渦巻」になぞらえた。

こうした動きをもっとも雄弁に物語る考古資料は墳墓である。墳墓の変化からは、各地の集団が発展し、渦巻として統合化と大型化をとげてゆく過程を追うことができる。

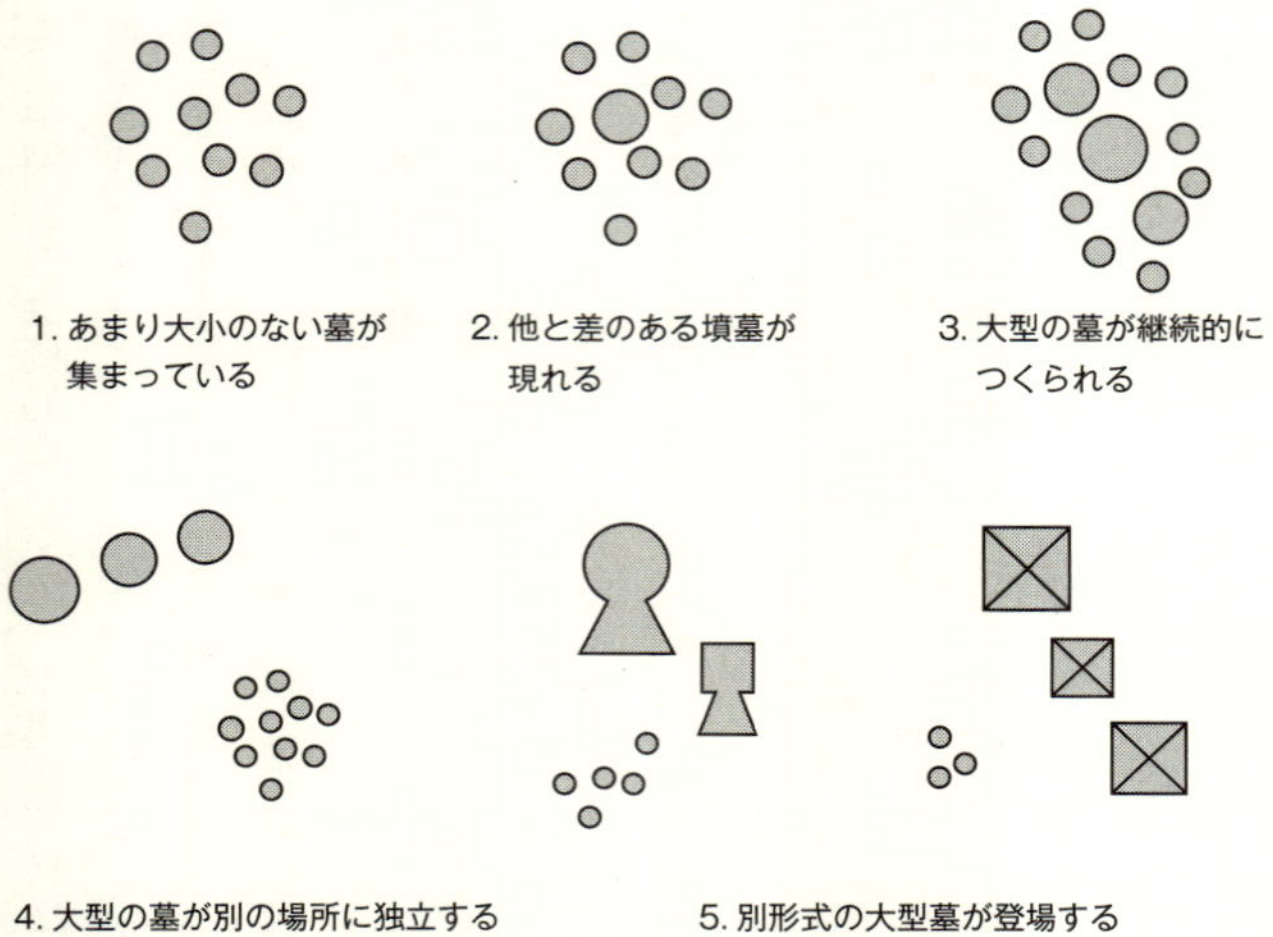
1. あまり大小のない墓が集まっている
2. 他と差のある墳墓が現れる
3. 大型の墓が継続的につくられる
4. 大型の墓が別の場所に独立する
5. 別形式の大型墓が登場する

図2　墳墓の類型

ここで墳墓の特徴から、社会や集団の変化を復元する視点をちょっと紹介しておこう【図2】。まず身分にあまり差がないひとびとの墓は、おおむね等質の集団墓を形成する。その中で大きさや副葬品の量や質に差が生じ、それが特定の墳墓に集中すると、有力者や支配者の存在を読み取ることができる。それらが継続して築かれていた場合は、権力が代々継承されたものと考えられよう。さらに墳丘の大型化・差別化が進行し、突出した規模、他とは隔絶した内容の「王墓」が登場する。

　こうした流れは世界各地でみることができる。中心的な権力者が登場した初期の段階には他よりも格段に規模が大きく、多くの器物を納めた墳墓が築かれた。日本では、こうした大型墳墓が築かれた時代を「古墳時代」と呼んで、時代の指標としている。

†渦巻の発達と交流

倭や朝鮮半島における地域社会の発展をうながしたのが、中国の漢王朝の影響である。紀元前一世紀前後、漢帝国の版図は最大限に達する。中華帝国という巨大な渦巻の膨張だ。その存在は周辺の地域・民族にも多大な影響を及ぼし、それぞれの地域でまとまりをもった勢力が伸長してゆく。渦巻群の形成である。最初は小さな渦巻が主であったが、それぞれ独自の成長をとげ、統合して大型化する。

考古学の成果からは、この時代以降、中国製品やその他地域の産物の交易がきわめて盛んになったことがわかる。先に紹介した、遠く離れた倭の地から出土した中国製の銅鏡も、こうした渦巻のつながりを通じて、はるかかなたの地に伝えられたのであった。

銅鏡のほか中国製の器物は、古代の朝鮮半島や倭の地域勢力においてとりわけ貴重視され、その支配者の墓に納められ、いわゆるステイタス・シンボルとしても機能した。そうした器物を所有しているか否か、あるいはどれほどの量を入手しえたのかという点は、支配者の勢力をはかるバロメーターともなった。逆にこうした貴重な器物を獲得できるかどうかは、各地の渦巻の間のちがいを促進させる作用を果たしたのである。

このような地域関係は三〜四世紀に大きな変貌をとげる。ながらく周辺地域に多大な影響を与え続けてきた漢という巨大な渦巻が滅亡し、中国は三国時代という三つの渦巻に分裂した時代をむかえる。これらは西晋によって、いったんひとつに統合されるが、再び南北に分裂する。大きく二つの地域に分かれた中で、さまざまな王朝が興亡を繰りかえした。これらの渦巻の中には漢族のほかに、遊牧系民族など非漢族が打ち立てたものもある。それぞれに社会制度や文化に特色があり、渦の回転方向は一様ではない。そうした大小さまざまな渦巻群は互いにぶつかりあうとともに、ハリケーンのごとく、東アジア圏外のさまざまな文化をも巻き込み、各地に散布する役割も果たした。

中央の大きな渦巻が姿を変えるとともに、朝鮮半島から日本列島に至る地域の各地に、高句麗、百済、新羅、倭あるいは加耶の諸勢力などといった、大小のちがいはあるものの、以前よりも相対的に規模の大きな渦巻が伸長してゆく。これらの渦も互いにぶつかりあい、あるいは同調し、中国とも関係しつつ、活発な動きによって発展をとげる。

この時代に墳墓は飛躍的な発達をみせる。三〜五世紀、朝鮮半島・倭の各地において、地上に土や石を積んで巨大な構築物を設けた「王墓」が登場するのである。

†つながりとちがい

今さら強調するほどのことでもないが、古代日本の歴史を理解する上で、東アジア的な視点が不可欠であることは常識となっている。

考古学の分野でも同様だ。近年は中国や韓国における発掘調査の進展がとくに著しく、目をみはるような発見が相継いでいる。人目を引くような大発見ばかりでなく、資料の蓄積にもとづいた基礎的整理や比較検討といった地道な研究が着実に進み、次々と新しい知見が生み出されている。日本の弥生・古墳時代を考える上で、こうした他国の調査研究の成果に対して、今まで以上に目を配ることが求められている。各国間の学術交流も盛んだ。それらの国に留学して言葉を身につけ、現地の研究者と深い交流をもつ若い研究者も激増している。

遅ればせながら私も韓国や中国に調査に出かけ、怪しげなカタコトしかしゃべれないものの、いろいろ人に助けてもらいながら一生懸命遺跡や出土品を見て回っていると、日本での調査とはちがった、ある種の「興奮」をおぼえる。とくに、先に紹介したように、倭との「つながり」が見えたときは感慨もひとしおだ。

その一方で、古代における彼我の「ちがい」について痛切に感じることも多い。中国のような先進的な地域と、後進の倭の文化内容が異なるのは当たり前ではある。韓国と日本も距離は近いものの（福岡の研究者は、関西に出かけるより、韓国に調査に行く方が近いという）、別々に歴史的な歩みをとげた地域だ。

しかし、単に文明化の度合いや歴史的な経緯だけではなく、うまく言えないが、社会の仕組みや信仰といった人の営みの根本的なところでの身体感覚的な「ちがい」を強く感じさせられることが多い。

「交流」の進展は「同化」ではない。むしろ各地域の特質のちがいを増大させる方向に作用したのではないか。津田左右吉の爽快な断定のことば、「日本と支那とは別々の歴史をもち別々の文化をもつてゐる別々の世界」が頭に浮かぶ。そう、「東アジア」という言葉によりかかった、安易なくくりかたは危険だ。

古代日本と東アジア諸地域のあいだの強いむすびつきと、その一方で強固に存在する各地域の社会のちがい、この両面に関して考古学の成果にもとづいて歴史的に考えてみたい、というのが本書のもくろみである。こうした印象にもとづいた比較は、単なる文化論に陥る危険がある。「やっぱり東アジアは一体化した世界だ」とか「文化が根本的に違うのだから、風習が異なるのも当然だ」とか、感覚的な意見を述べてもしかたない。

しかし近年、各地域で爆発的に増大している考古資料とその研究成果を用いるなら、この点についてより実質的な議論ができるにちがいないと思う。考古学が得意とするのは、年代と地域を細かく区切り、地域間のつながりやちがいを直接に比較検討することだ。この利点をうまく利用するなら、きちんと資料にもとづいて、きめ細かく、かつ広い視野からの古代東アジアの歴史像を得られるのではないか。また実際に遺跡や遺物をみることによって得られる「現場感覚」を盛り込んで、「ちがい」の意味を具体的に表現することもできるのではないか。

本書はそうした大きな目標に向かっての、やや無謀な挑戦でもある。

†本書の構成

本書全体の構成と、そこに込めた私の意図について最初に提示しておこう。

先程述べた「渦巻」のように一定のイメージを使い、ある程度の共有しやすい図式を先に示して、いろいろな考古資料に関する記述の背後に、どのように歴史の動きを読み取ろうとするのか、理解のたすけとしたい。

本書が主に対象とする時代は、紀元前一世紀〜紀元四世紀。漢帝国が楽浪郡を通じて東夷世界に強い影響を及ぼした時代から、それぞれの地域に王権が確立し、「王墓」と称される巨大墳墓が成立する三〜四世紀までである。王墓の成立は地域によって時間差があり、一部では五〜六世紀まで範囲を広げる。対象地域は、『三国志』東夷伝で扱われた、朝鮮半島と倭を中心とする。漢王朝の支配や影響は南方、西方、北方地域にも及んでいるが、本書では東夷世界に限定する。

日本での時代区分では弥生時代中期〜古墳時代前期にあたるが、ふたつの時代にまたがる設定をおこなったのには理由がある。東アジア世界との関わりという視点から地域をみることを重視したいからだ。そのためには中国王朝と東夷世界の本格的な交渉がはじまった時代から、各地において地域勢力となる渦巻が誕生・発達し、それが王権の誕生に至るまでを、ひとつのまとまりをもった時代ととらえる必要がある。

話は、そうした東アジア世界全体ではなく、「前方後円墳の出現過程」という日本考古学で大きな議論を呼んできた問題から始める。

第一章でみる大型前方後円墳の出現は、考古学からみた倭の国家形成への歩みの中で、大きな指標となる画期である。近年の考古学研究においては古墳の年代研究が進んだ結果、前方後円墳の出現と、中国を中心とする東アジア世界の変動とを関連づけることができるようになった（第一章）。

第二章では、時代を遡って紀元前一世紀〜紀元後二世紀、東夷世界にさまざまな渦巻が発生・伸長してゆくきっかけとなった、楽浪郡を中心とする器物の交易やひとの交流についてみる。先にも触れたように、器物を通じた交流のあり方は考古学でもっともとらえやすい対象であり、最近の研究から、各地をむすぶ多様な交易の実態が明らかにされてきた。こうしたモノや人の動きは、古代東アジアの地域社会の発展にどのように関わったのだろうか。

第三章では、地域社会の発展をもっとも雄弁に物語る考古資料、墳墓に着目する。権力者の出現やその伸長に対応して、墳墓も大型化、厚葬化が進んでゆく。そうした権力者のために巨大な墳墓を築く風習の起源も中国にあるが、地域社会の発展とともに東夷の各地にも広がってゆく。そして二〜四世紀、東アジア各地域で王墓が出現し、発達してその頂点を迎える。こうした地域における墳墓の発達過程をターゲットとし、その一方で、王墓のもつ意味や役割に関する地域間の差についても目を向ける。

第二、三章では各地域間の「つながり」を語るのがメインであるが、第四章では視角を変え、倭と他地域の比較を中心とした「ちがい」に焦点を当てる。結論から言えば、中国文化の影響や交流の深まりと反比例し、倭をはじめとする地域間の墳墓・器物・信仰のあり方の「ちがい」は次第に増大してゆき、王墓の登場時に頂点に達するのである。ここにこそ海外の調査で私が感じた、何か根本的なところでのちがいの由来がありそうだ。「ちがいの由来」にも第四章で迫ることにする。

先に少し種明かしをしておく。私が専門とする銅鏡は、倭ではとくに重視され、権威の象徴となった特殊な器物であった。銅鏡のような器物を必要としたことは、社会の性格や仕組みのちがいにも結びつくはずだ。銅鏡を貴重視し、かつそれを社会や政治に利用した社会と、そうではない地域の社会とでは何が異なるのだろうか。

そうした器物を副葬した墳墓も、巨大化・差別化という点では中国・朝鮮半島・倭の諸地域で共通するものの、墳墓の構造や施設、それらが果たした社会的な役割に大きな差がある。その背後には、信仰や観念と社会との関係のあり方の差も見え隠れする。地域間のちがいの根っこにあるものはなにか。

「つながり」と「ちがい」の二つが織りなすエネルギーこそ、社会の変化を進める原動力である。この双方の面に目を向け、古代東アジアやその中での倭の位置づけについて複眼的に考えてみたい、というのが本書全体のもくろみである。

第一章

前方後円墳とは何か

最大規模の前方後円墳　仁徳陵古墳　大阪府堺市

前方後円墳という奇妙なかたちの墳丘をもつ墓は、倭に特徴的な墳墓形式である。この円と方とを合体させたかのようにもみえる墳墓のもつ意義は、単に墓のかたちだけにあるわけではない。前方後円墳の登場は、倭の大きな社会変化を反映するものと想定されている。国々の統一、王権の成立など、古代国家形成の出発点として考古学では盛んに議論されてきた大きな問題だ。近年の研究では、それが中国を中心とする東アジア世界の社会動向と関連づけて理解されるようになった。

倭と中国王朝との本格的な交流の歴史は、日本史の教科書でも紹介されている、「楽浪海中倭人あり」「歳時をもって来り、献見すという」という『漢書』地理志の一節から始まる。紀元前一世紀のことである。次の第二章で触れることになるが、考古学的にもそうした交流を示す遺跡が多くみつかっている。倭人や韓人は、朝鮮半島北部に設けられた漢王朝の拠点都市である楽浪郡との間をさかんに往来し、先進の器物を入手し、中国文化のさまざまな影響を受けるようになった。それは地域勢力という渦巻の発展を促進する。

それから約三百年後、倭の地は中国の王墓に匹敵するほどの巨大な古墳を生み出した【本章扉写真】。中国からの影響で東夷世界に発生したさまざまな渦巻がやがて結集し、その中心から王墓と呼ばれる巨大墳墓が誕生する。前方後円墳の出現も、そうした大きな流れの中で検討できる段階になってきた。

どのような発見や研究を経て東アジアとの関係が議論されるようになったのか、まずは前方後円墳とその出現問題をみてゆくことにしよう。

1　前方後円墳の出現をめぐって

†どのように出現したのか

よく「出現」という言葉で表現されるように、三世紀の中ごろ、大和の地に突如、大型の前方後円墳が登場する。そして短い期間に、南は鹿児島県から北は宮城県北部に及ぶ広い地域に、この共通する形式の墳墓が広まる。埋葬施設の形式や葺石《ふきいし》、副葬品の種類など墳墓の細かい特徴も共通し、古墳を築く技術や各種の器物も伝播したことを物語る。墳丘のかたちや大小、副葬品の多寡など墳墓の「階層」が明確となり、全体を通ずる「秩序」もみられるようになる。

こうした前方後円墳がいかにして出現したのか、その背景には具体的に何があるのかという課題は、この半世紀の間、日本考古学でもっとも熱い注目を集めてきた研究テーマである。これに関わる論文・書籍は実に膨大で、とても読み切れないほどだ。研究対象もいろいろで、墳墓、集落、土器、金属器など、さまざまな角度から検討されている。さらに、多くのひとびとが関心をもつ邪馬台国問題と関連するところも大きい。この議論に研究者たちが特別な魅力を感じるのも無理はない。

一番の問題は、この特異なかたちをした大型の墳墓がどのような過程を経て「出現」し、全国に広まったのか、その背後には王権をはじめとしたどのような社会変動があるのか、という点だ。

古墳時代、大型の前方後円墳が奈良や大阪に集中して存在する。この時点で畿内（大和、河内、和泉、摂津、山城）に中心的な勢力、すなわち王権が形成されつつあったことはまちがいない。王権と前方後円墳の築造とは密接に関連する。

ここまではよいのだが、まず問題となるのは、その前の弥生時代とのつながりである。以前は、弥生時代に畿内を中心とする社会が発展・成熟し、その中から王権（大和王権、ヤマト王権、大和政権）が生まれたものと理解する人が多かった。農業生産物の蓄積やそれをめぐる争いなどを通じて社会の階層化や集団規模の拡大が生じ、中国の史書で「国」と表現されるような単位が誕生してゆく。その中で権力者が生まれ、やがて他地域にも影響力を及ぼす。

奈良県田原本町唐古・鍵遺跡、大阪府和泉市・泉大津市池上曽根遺跡など、畿内には弥生時代の巨大な集落がある。銅鐸のような青銅祭器も畿内を中心に発達した。これらをみれば、弥生時代から古墳時代にかけて、すでに中心的な存在であった畿内の集落社会が統合を重ね、その中のリーダーが突出した権力者となって他地域を取り込み、大和を中心とした王権へと発達したとみるのが自然だ。ひとつの地域で順当に渦巻が成長し、周囲の渦をとり込んで巨大化したという図式になる。

ところが畿内の弥生時代に関しては、明確な有力者の墓がみつからない、という問題を抱えていた。九州北部では、弥生時代前期から多数の青銅器を副葬した有力者ないし支配者の墓が存在する。中期になると、中国製の鏡を大量に出土する傑出した存在の墓もみつかっており、「王墓」と呼ぶ人もある。弥生時代においては畿内以外の地域の方が社会の階層化や有力者層の形成は進んでいたのではないか、そう考える人が多くなるのも無理はない。

†楯築墓の衝撃

昭和五一(一九七六)年に開始された岡山県倉敷市楯築《たてつき》墓の調査は、衝撃的なものであった【図1-2】。この弥生時代終末期の墳墓は、長さが七〇メートル近くもあり、みかけは「古墳」と変わりがない。円丘に突出部がつくという墳丘の特異な形態も特徴的だ。弥

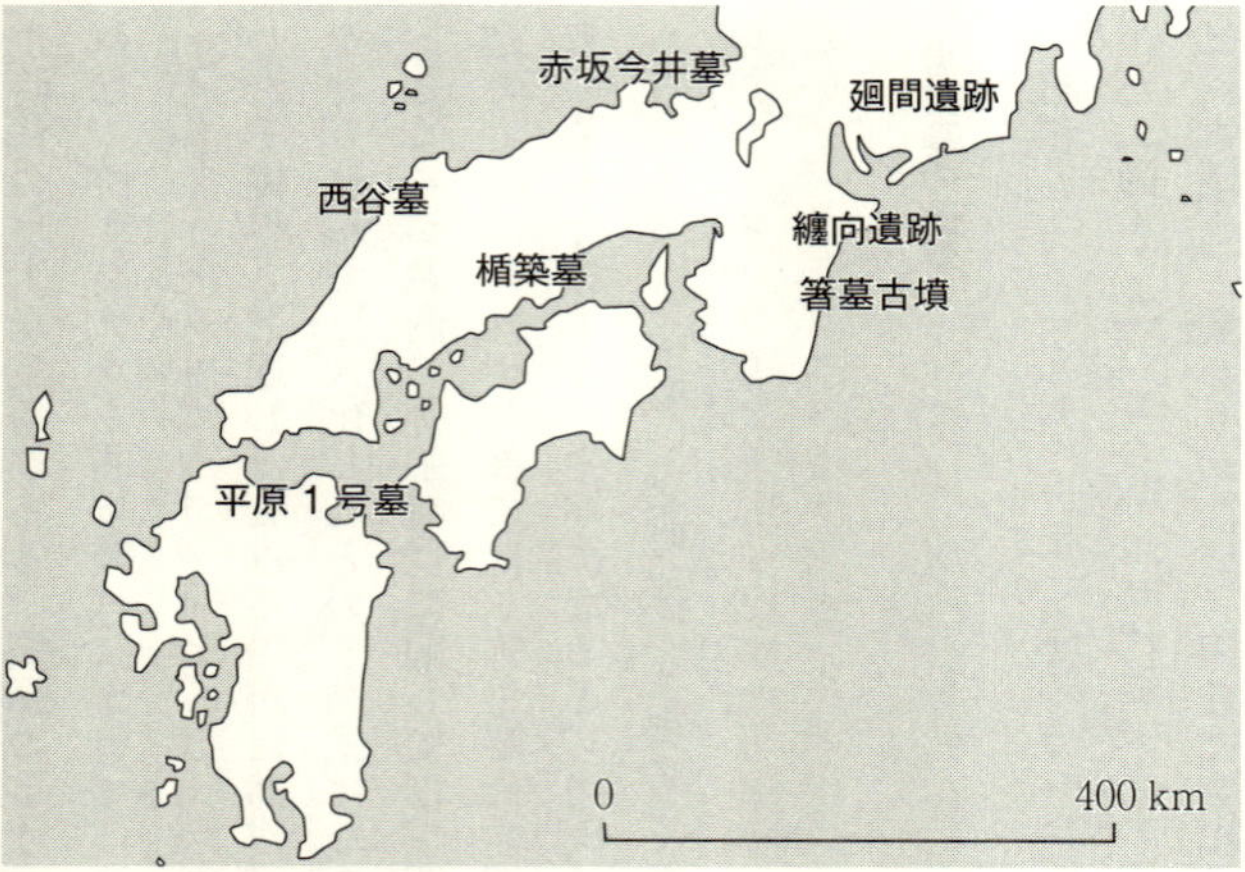

図 1-1　古墳出現に関係する遺跡

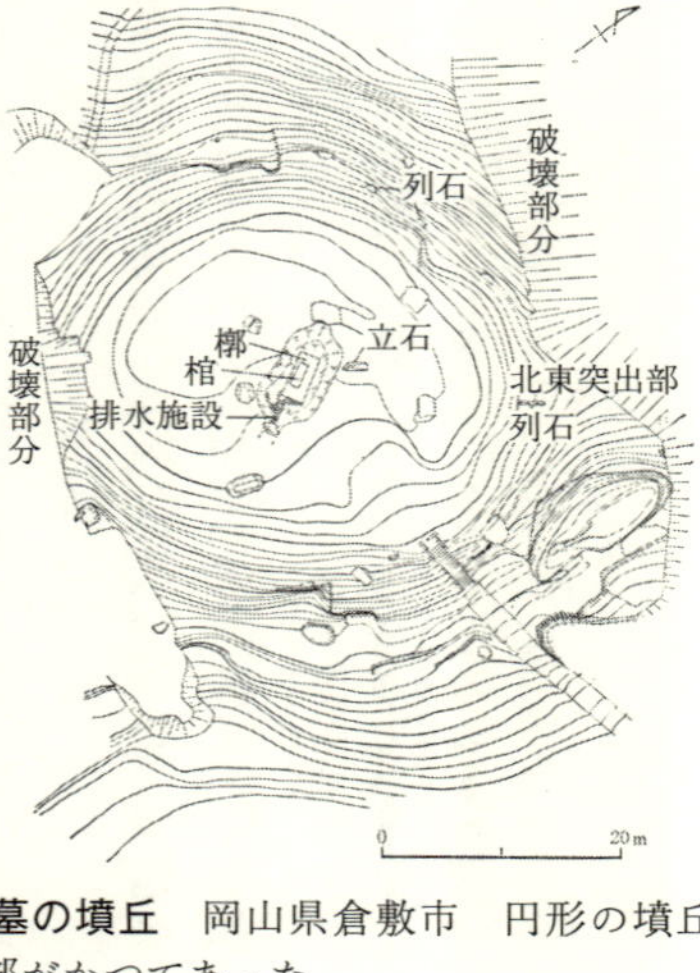

図 1-2　楯築墓の墳丘　岡山県倉敷市　円形の墳丘から二方向に伸びる突出部がかつてあった。

生時代に、すでにこれだけの規模・内容をもった墳墓が成立していたのだ。

吉備地域では、楯築墓以外にも総社市黒宮大塚墓、宮山墓などが相次いで調査され、弥生時代の大型墳丘墓の存在について関心が集まっていた。また同じころ、出雲でも「四隅突出型墳丘墓」と呼ばれる特異な形態の墳墓が弥生時代にあることが確認されていた。「古墳時代」という時代名称はもともと「大きな墳丘をもつ墓が造られた時代」という認識からつけられたのだが、これらの調査結果によって、「古墳」とは何か、「古墳時代」をどう定義するのかが問われることとなった。

楯築墓の卓越性に関する評価は近年とみに高まっている。吉備地域の前後の時期の墳墓と比較すると、それはまさに「出現」したというべきもので、この地域の他の墳墓からも隔絶した存在であることがわかってきた。埋葬施設は棺の周囲を木材で囲った「木槨」と呼ばれる形式で、中国式の墳墓の影響を受けたものと推定されている。また木槨内から多量に出土した朱は中国産をふくむという分析結果もある。海外とも強いつながりをもつ強力な支配者として出現したのが楯築墓の被葬者であり、そこに大きな画期があったことはまちがいない。

また後の前方後円墳につながる要素が確認されたことも重要だ。楯築墓や宮山墓からは特殊壺・特殊器台と呼ばれる特別な土器が出土している。本来は墓にささげる飲食物を入れた容器とそれを載せる台であったのだが、葬送用として複雑な装飾が施され、大型化し、精巧なつくりの土器として墳墓専用に用いられるようになる。弥生時代後期に吉備地方で発達したのであるが、それが古墳時代の円筒埴輪につながることが判明した。墳丘上に埴輪を並べることは古墳の重要な要素であるが、その起源は畿内ではなく吉備にある。

また円丘に突出部が付くという形態（双方中円墳）も重要だ。この突出部から前方後円墳というかたちの起源が説明できるようになった。本来は墳丘につながる通路であったものが発達し、大型化して道の機能も失って突出部となり、前方部という高まりに独立したものと理解できる。前方後円墳の起源が畿内だけに限定されるものでないことが明らかとなったのは画期的な成果であった。

†弥生時代の墳丘墓

大きな墳墓を早くから築いたという点では、吉備以外の地域も注目される。出雲の地では四隅突出型墳丘墓《よすみとつしゅつがた》という独特のかたちの墳墓が築かれ、なかでも出雲市西谷三号墓は長辺が四〇メートル、高さ四・五メートルの大きさを誇る。墳丘の斜面には石も並べられている。この墳形は中国山地で誕生したものだが、出雲で独特の発達をとげ、越前・越中まで広がりを示す。きわめて地域性の強い墳形である。なお出雲の独自性というと、大量の銅剣・銅矛・銅鐸が埋納されていた出雲市荒神谷遺跡、全国でもっとも多数の銅鐸が出土して話題を呼んだ雲南市加茂岩倉遺跡が頭に浮かぶ。しかし、これらは個人墓が発達するより前の時期で、共同体の祭祀に関わる器物の埋納遺跡である。出雲ではそうした共同体祭祀が衰退するのと並行して、個人の大型墳墓が発達した。

三世紀前半、丹後の京丹後市には赤坂今井墓という方墳で、各辺が三九メートル×三六メートル、高さ四メートルという巨大な墳墓がある。丘陵尾根の先端を大規模に加工してつくられている。先の四隅突出型墳丘墓は、なぜかこの丹後地域を飛び越え、北陸に分布する。丹後にはこのほかにもガラス製品や鉄器など多数の副葬品を出土した方形の墳墓がいくつかある。日本海側でも巨大かつ独特の墳形を用いた有力者の墓が早くから発達していた。これらの地域はおそらく海上交通にもとづくつながりを有し、九州北部や朝鮮半島などとも交流をもっていたことが、後で触れる副葬品の分析から明らかにされている。

二世紀後半~三世紀前半には、畿内以外の各地域で「先行して」大型墓の発達がみられるのである。

†九州北部の特異な墳墓——平原一号墓

畿内の評価を戸惑わせてきたのは、墳墓の大きさだけでなく、副葬品の問題もあった。弥生時代では、銅鏡の大量副葬例や出土総数に関しては、九州北部の墳墓が圧倒的に優位にある。集落の出土品もふくめて、鉄器の出土数も九州が断然多い。

九州北部の銅鏡大量副葬墓として問題となったのは、糸島市平原《ひらばる》一号墓である。昭和四〇（一九六五）年に発見されて発掘調査されたが、その評価をめぐって研究者の意見が分かれ、長く議論が続いている。この墳墓の位置づけは、九州北部が前方後円墳出現に果たした役割の評価にも大きく影響する。

場所は「伊都国」の中心部であり、近くには三雲南小路遺跡や井原鑓溝遺跡など弥生時代中・後期の「王墓」が位置する。一八メートル×一四メートルの方形の周溝をめぐらした墳墓であるが、墳丘自体はそれほど大きなものとはいえない。

しかし副葬品は実に豊富で、四〇面もの銅鏡や多数の玉類、素環頭大刀などが出土した。銅鏡副葬数では、弥生・古墳時代の墳墓全体の中で、奈良県桜井茶臼山古墳に次いで第二位である。径四六・五センチメートルで重さ七九五〇グラムという弥生・古墳時代出土鏡中で最大の銅鏡五面もある。同型鏡を多数ふくむことに加え、これらの銅鏡すべてが墓で破砕されて副葬されていたことなど特異な点が多い。

意見が分かれるのは墳墓の年代であり、弥生時代後期前半説（紀元後一世紀）、終末期説（二世紀後半〜三世紀はじめ）などがある。弥生時代終末に位置づけられるとすれば、副葬品の豊富さにおいて同時期に並ぶものがない。古墳時代に続く銅鏡の大量副葬という風習の直接のルーツを平原一号墓に求める意見も説得力を増す。しかし年代が紀元後一世紀まで上がると古墳時代とは直接にはつながらない可能性も生ずる。

†大和の巨大集落――纏向遺跡

一方、大和では集落に関して重要な遺跡の実態が明らかにされてきた。昭和四六（一九七一）年から本格的な発掘が進められた奈良県桜井市纏向《まきむく》遺跡は、その規模が大きいこと、また重要な特徴として、東海地方をはじめとする他地域の土器が大量に出土したことが注目された【図1-3】。この集落が交流の一大中心地であったことが示され、一般の集落とは異なる性格が想定された。年代は出土土器から、三世紀前半、大和に巨大な前方後円墳が出現する前の時期に位置づけられる。

さらに、この遺跡の近くには纏向墳墓（古墳）群と呼ばれる一〇〇メートル前後の墳墓群

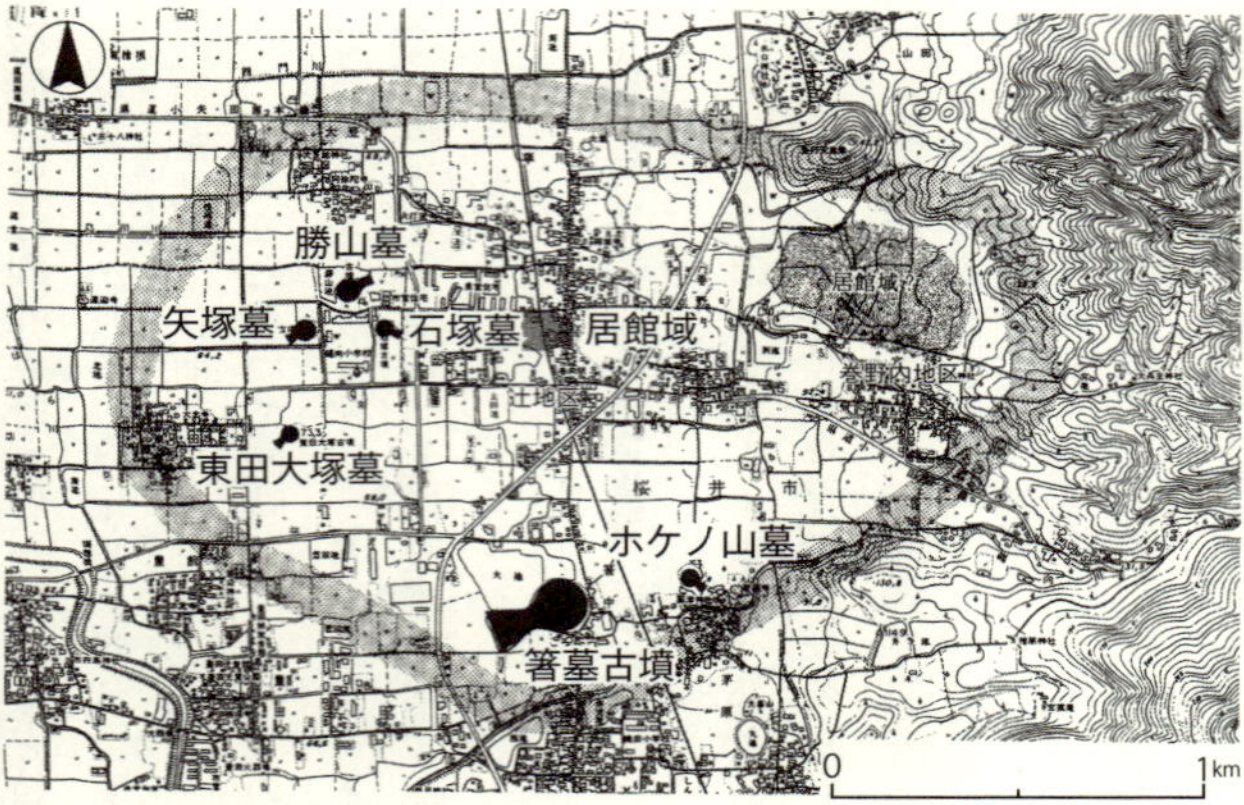

図 1-3　纏向遺跡　奈良県桜井市

もともなう。独特の墳形をもつ墳墓であり、前方後円墳形ではあるが前方部が小さいのが特徴だ。こうした形態は前方後円墳の祖型的なものとみることもできる。つまり纏向遺跡と纏向墳墓群が母胎となって、大和に大型古墳が登場するという流れが見えてきたのである。

纏向遺跡の中心部では近年の発掘調査により、東西南北に軸を合わせた大規模な建物跡がみつかり、その先進性がますます高く評価されるに至った。また近くのホケノ山墓が発掘調査され、埋葬施設や副葬品の内容において、前方後円墳の祖型的な側面をもつことが確認された。この大和東南部の地には三世紀前半〜中ごろの重要遺跡・墳墓が密集して存在する。

纏向遺跡や墳墓群については、規模が巨大

なだけでなく、各地との広域なネットワークを築いていた点が注目されている。平原一号墓に代表される、前代の中心地である「イト倭国」(伊都国)に代わって、新しく誕生した「倭国」の王都であり、最古の「都市」とも表現されている(寺沢薫さん)。この纏向遺跡の周辺に分布する纏向墳墓と類似する形態の墳墓は、九州から東北南部まで広い地域にみられる。

日本列島の広い地域に秩序ができていたことを重視するなら、社会の大きな画期として纏向遺跡の成立をとらえ、その時点を古墳時代の始まりとみることができる。

†青銅祭器の終焉

弥生時代終末には墳墓ばかりでなく、祭りも大きく変化した。近畿の銅鐸や九州北部と中国・四国地方を中心とした武器形祭器など、弥生時代の主要な祭器が姿を消してゆく。銅鐸は基本的にムラの外の丘陵などに埋納された祭器で、墓には副葬されない。共同体のひとびとの所有物であり、その祭祀に用いられたものと考えられる。矛・戈のかたちをした武器形の祭器も新しい段階では埋納品が中心となる。

これらが弥生時代終末前後に、ほぼ使用を停止する。終焉の時期には地域差があるようだが、楯築墓のある吉備のように個人の大型墓の発達と併行して、共同体の祭器の使用をやめていったようだ。

九州北部と近畿といった異なる地域で、異なる種類の祭器がおおむね同時期に終焉を迎えるのは興味深い。弥生時代から古墳時代にかけて、広い地域で祭りの方法や信仰のあり方が大きく変化したのである。前方後円墳の出現以降も特定の地域が主導権を握っていたとすれば、その地域の祭祀方法を継承したであろうが、そうした形跡はみられない。

祭器を製作していた工人の行方も問題である。古墳時代には同じく青銅を用いた鏡つくりなどが盛んになるが、製作技術に大きなちがいがある。従来の製作工人もほとんどは姿を消したものと考えざるをえない。祭りだけでなく、祭器の生産を支えた体制も変化したのである。

また小型の青銅器については、保有のあり方にも変化があったようだ。弥生時代終末期までは、集落から青銅器が出土することが珍しくないのが、古墳時代には墓副葬品に集中し、集落遺跡からの出土は稀になる。各地での分散的な生産が終焉し、保有管理体制にも変化が生じた可能性がある。

†定型化した前方後円墳の登場――箸墓古墳

弥生時代から古墳時代にかけての大変動の鍵を握る古墳が、奈良県桜井市にある箸墓古墳である【図1-4】。纏向遺跡のすぐ南に位置する。

図 1-4　箸墓古墳　奈良県桜井市

仁徳陵古墳（本章扉写真）と比べて前方部の広がりが狭く古式のかたちを示す。墳頂から吉備系の壺や器台、その系譜を引く埴輪が出土している。近年、航空レーザー計測により、後円部は４段の上にさらに円丘部が１段載り、前方部は３段（４段説もある）であることが確認された。

図 1-5　群集する大型前方後円墳　奈良県佐紀古墳群（東群）
大型前方後円墳がきれいに並ぶ。時期は5世紀前半。大王墓や各地の支配者（首長）の墓は、ひとつの地域に一定期間継続して築かれる場合が多く、「大王墓系列」「首長墓系列」と呼ばれる。その地位が一定期間は代々継承されたことを示す。

墳丘の大きさは約二七〇メートル。期待と夢をこめて「卑弥呼の墓」と称されることもあり、またもう少し後代の人物を被葬者に想定する人もいるが、いずれにしても確証はない。陵墓に指定されているため、埋葬施設や墳丘などの本格的な調査はなされていない。

墳丘や出土土器の検討から、大型前方後円墳の中でも最古のものであることが明らかになった。同時期、他地域にこれほどの規模の古墳はない。墳墓の大きさという点で、異論なく大和に「中心」があったといえるのは、この古墳の時期からということになる。

この箸墓古墳以降、大和や河内・和泉の地域で二〇〇メートルを超える大型前方後円墳、が連綿と築かれてゆく【図1-5】。単発的に築かれたのではなく、巨大な前方後円墳を造る約束ごとが継承された点が重要だ。莫大な労働力を継続的に動員できる体制が成立したことも意味し、確立した王権の存在をみることもできる。こうした大型前方後円墳の時代の出発点として、箸墓古墳成立の画期が強調されるようになった。

さらに調査研究が進むと、箸墓古墳以降、各地の前方後円墳の墳形や構造には強い共通性がみられることも確認された。前方後円墳の形状や埋葬施設・副葬品に一定のきまりが生じたことをもって「定型化した前方後円墳」と呼び、その出現を画期とみる考えも強まった。

こうした状況を受けて「古墳時代」を、単に大きな墳墓が築かれた時代ではなく、「定型化した前方後円墳」という共通形式の墳墓が各地に広まった時代と定義し直し、「前方後円墳の時代」とも呼ぶようにもなった（近藤義郎さん）。墳丘の形式だけでなく、木棺を石積みで覆った長大な竪穴式石槨という埋葬施設、三角縁神獣鏡をはじめとした副葬品の種類の統一など、さまざまな側面に「定型化」が認められる。このように規定すると、楯築墓をはじめとする、地域によって墳墓形式のちがいが大きい時代と、共通性が高い前方後円墳の時代との区分がはっきりする。

†どこに画期を求めるか

以上のような前方後円墳出現への推移や、地域とのつながりの実態が解明されるにつれ、どこに時代の画期をみるのかが問題となってきた。

纏向遺跡成立以降を古墳時代とみる研究者を「纏向派」とすると、大型前方後円墳の定型化以降（箸墓古墳以降）を重視するのは「定型派」。さらには楯築墓の登場にさかのぼって画期をみる「楯築派」の研究者もいる。ほかにも定型化した前方後円墳の出現時にはまだその仕組みは安定せず、古墳時代前期の後半に画期を求める「前期後半派」という主張もある（以上、各派の名前は私が勝手につけました）。各派は、他の時期の変化の意義を認めつつも、総体としてどこが社会の変化として重要なのかという歴史的な評価を異にする。なお本書では便宜的に「定型派」に基づく時期表示や遺跡名称を採用している。

変革の具体的な背景についてもいろいろな解釈がある。たとえば新たな倭国の誕生は大和の勢力が担ったのではなく、楯築墓に代表される吉備の勢力を中心に各地の勢力の連合があったのであり、そうした政治の中心として大和が選ばれたとみる解釈である。「定型化」は大和単独でなしえたものではなかった。そこで、前方後円墳の成立には吉備をはじめとする各地域の勢力が参画し、その結果、各地域の墳墓の要素が織り込まれたものとする説明も生まれた。

このように、弥生時代の畿内を中心とした社会が、そのままの形で古墳時代の王権に発展したのではないと考える研究者も多くなった。海外とつながりをもち、いち早く発達した九州北部の渦巻や、楯築墓に代表される吉備など先行する渦巻が相互に影響しあい、合体して大きな渦巻が生じたとみるのである。

評価にちがいはあるものの、大型前方後円墳登場に至るまでの墳墓の変化の様子が具体的にわかってきたのは、近年の調査研究の大きな成果である。

†「中央」と「地方」

ここまでの議論では、大和を中心に、九州、吉備といった地域の優劣を問題としてきた。しかし、そうした地域間の勢力差ばかりに注目する考え方への反省も生まれている。

楯築墓もそうであるが、二世紀〜三世紀前半においては、地域ごとの墳墓や祭祀形態の独自性が強かった。そして三世紀中ごろ以降、定型化した前方後円墳の出現以降も、けっして一色に染められたのではなく、そうした地域性が継承されたことを強調する。

注目される地域として、東海地方という地域の文化発信力と前方後方墳という墳形に着目した研究がある（赤塚次郎さん）【図1-6】。前方後方墳というカタチの墳墓は、いちはやく東海の地で誕生し、さらに東日本全体に広まる。古墳時代前期に至っても、西日本を中心に前方後円墳が中心となる地域と、前方後方墳が圧倒的に多い東海以東の地域とは、重なりをもちつつ二大地域圏のように対峙する。

さらに、同じくこの地域で誕生したS字甕など独特の特徴をもった土器が東日本に広まり、纏向遺跡でも多数出土している。土器の広まりは人の広がりを示す。二〜三世紀において、他の地域に強い影響力をもつ文化が東海地域で成立しており、それが定型化前方後円墳以降も継続したとみられるのである。

三世紀中ごろ、箸墓古墳出現以降に、墳丘の規模や副葬品の質・量に一定の共通性が生じ、同時にはっきりした「格差」が生まれたことも確かだ。これを重視するなら「王権」の確立を認める立場に傾く。しかし前方後方墳の伝統が継承された地域や、出雲のように前方後円墳があまり普及せず方墳が続く地域もあり、丹後では大型の前方後円墳が築かれる、というように地域の個性が消えたわけではない。大和を中心とする大きな渦巻が発生したことは確かだが、それは各地域の渦が集まった状態であり、すくなくとも三〜四世紀、古墳時代前期の段階では、統合化の度合いはまだ弱かったとみることもできる。

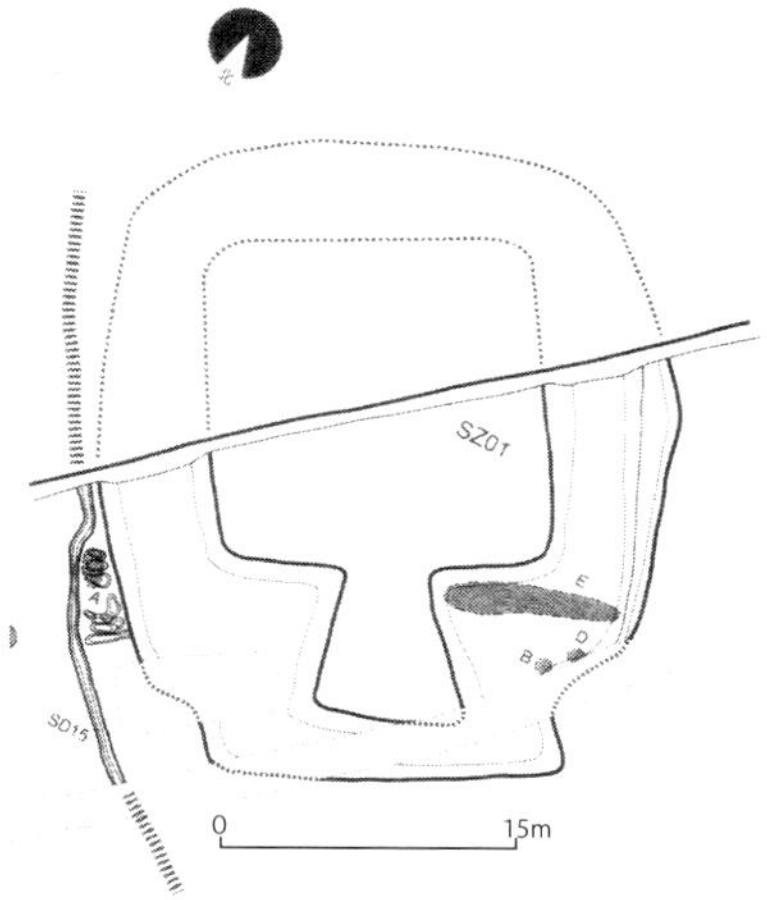

図1-6　東海の前方後方形墓　愛知県清洲市廻間遺跡

†熱き議論

以上、ごくかいつまんで前方後円墳の出現に関する研究の歴史を述べてきたが、この問題のもつ面白さを理解していただけただろうか。次々と新たな発見があり、それによって新たな学説が登場する。視点がダイナミックに進展するという点では、とびっきりの魅力をもつ課題であることはまちがいない。さらに、これに邪馬台国の問題も関わってくる。多くの研究者が惹き寄せられるのも無理はない。ここでは詳しい説明を省いたが、墳墓、集落、鉄器、青銅器、土器などいろいろな材料をこの課題にからめて熱心に議論されている点も魅力である。

しかし冷静になって考えてみると、最終的な問題は、個々の遺跡や遺物の変化だけではなく、この時代の社会や政治の仕組みの変革にあるはずだ。支配構造や中央と地方との関係がどの時点で、どのように変化したのかという点が重要だ。

しかし考古学の力だけでは、そうした仕組みや人のあり方を直接に見ることはできない。墳墓や集落の大きな変化が、社会のどの側面（政治体制／地域関係／文化／風習）の変化を反映したものなのか、区別はなかなかむずかしい。纏向遺跡でみつかった大型の建物跡にしても、その中で、どのような人々が、どのような身分・関係で、どのような活動（祭祀／儀式／政治）をおこなったのか、他地域の人々との関係はいかなるものであったかが社会の評価にとって大事なのだが、活動の様子を具体的に復元するのは困難だ。遺跡や遺物の上に、どのような社会像を構築するかというところで、各研究者によって大きく評価がわかれてしまう。

【コラム①】時代の区分

小中学校の歴史の授業では、まず「縄文時代」「弥生時代」「古墳時代」という時代名称を覚えなければならない。せっかく苦労して勉強した成果をひっくりかえすようで恐縮だが、いま考古学者の間では、こうした従来の時代名称が、歴史の真のながれをとらえる上で適切なものかどうか、議論を呼んでいる。

旧石器、縄文、弥生、古墳時代という日本の歴史の冒頭に位置する四つの時代名称は、いずれも考古学によってつけられたものだ。これより後の時代名称は、奈良時代や江戸時代といったように政治の中心地によって名づけられた。専門外のことなのでよくは知らないが、歴史学の方では、画期の位置づけには意見のちがいはあるものの、そうした時代名称そのものを問題視することはないのだろう。

考古学でつけられた時代名称は、言葉は悪いが、やや便宜的なところもある。「縄文」「弥生」という名称は土器に由来する区分だが、ひとくちに縄文土器といっても時期や地域による変化は大きい。縄文がない「縄文土器」はたくさんあるし、ややこしいことに関東地方では弥生時代にも「縄文」をつけた土器がある。近年は「縄文土器」というくくり方が存在するのかどうかも問題となっている。

弥生時代が本格的な水稲耕作の時代であることがわかってくると、狩猟採集の時代／水稲耕作の時代という生産活動上の区分と一致させるようになった。ところが九州北部では、明らかに縄文土器が続いていた時代に本格的な水稲耕作が始まっていたことが証明されてしまった。土器で区分するのか、生業形態で区分するのか、大きな議論となった。水稲耕作のはじまりで区分すると別の問題が生ずる。関東地方や太平洋側の東北地方など、「弥生時代」のかなり遅くまで水稲耕作の導入が遅れる地域がある。広い地域をひとつの基準で区分することに無理があるのだ。

「古墳時代」は、もともと大きな土盛をもつ墳墓が築かれた時代というくらいのくくりであったが、弥生時代にも大きな墳丘をもつ墓があることが確認された。そこで前方後円墳の時代という名称が明確な定義として定着したが、本文で触れたように、各地で前方後円墳のルーツになる要素を備えた墳墓がみつかり、どこで時代区分の線を引くか、意見がわかれる。

こういった事情を律儀に受けて記述するとあまりに煩雑で、かつキリがないというのが正直なところだ。もちろん当時のひとびとが、昨日までが「弥生時代」で今日から「古墳時代」と意識していたわけではない。考古学の時代区分は、あくまで過去の人々が残した遺跡や遺物から導き出された「評価」によるものだ。それが人間のいとなみである「歴史」全体の変化と明確に一致するのかどうかを、たえず意識しておかなければならない。その一方、人間の活動は多様で、地域・時代によるちがいや変化が大きいことも、考古学を通じて身にしみて感ずるところなのである。

2 飛躍と東アジア

†飛躍の契機

おもしろいことに、多くの研究者は前方後円墳の出現に関して、弥生時代からの段階的な進展を認めつつ、ある「飛躍」を踏んだ変革であったとみる点では共通する。「飛躍」を想定すると、そこには何らかの「契機」があったと考えるのが自然だ。

その契機については海外、すなわち中国や朝鮮半島からの影響を想定する研究者が多い。日本考古学の定番となる考え方でもあるが、この島国において何かが突然大きく変化する時、そこに外からの影響や刺激があったとみるのが自然な場合が多い。

海外からの影響による政治体制の成立と前方後円墳との関係について、はやくに整然と説明したのは考古学者ではなく、東洋史の研究者だ（西嶋定生さん）。古代中国史研究の視点からこの「飛躍」について画期的な説を提出し、考古学者の考え方にも多大な刺激を与えた。基礎となったのは、中国王朝が東アジアの周辺諸国に朝貢を許し、爵位や官号を与え、外臣・外蕃として君臣関係の中に組み込んだとする「冊封体制」論である。私なりに解釈すると、政治的関係の成立において「秩序」の構築を重視する考え方だ。

この「秩序」が、日本の古墳時代への理解にも応用される。前方後円墳をはじめとするさまざまな墳形の登場は、単なる文化的現象ではなく、何か統一的な契機と仕組みの形成にもとづくもので、それは「大和政権の秩序構造」の成立と関連する。大和政権を中心として地方の諸氏族が「擬制的同族関係」を結んで政治体制を構成する。古墳の墳形は後の「カバネ」と同じく地位の表現法と考える。

「擬制的同族関係」とはいかめしい言葉だが、名作映画『ゴッドファーザー』を思い浮かべていただければ理解しやすいかもしれない。血縁関係がない人のあつまりが、盟主となる人物をあたかも「父」や「祖」であるかのようにみなし、親族関係のような集団として結束する。盟主を「ゴッド」としてあがめ、本来は同族であったという物語や伝説を共有するなどして紐帯をより強める。「擬制」を維持するためには、儀式や象徴物などを通じて結束を絶えず確認する必要がある。墳墓の形式を統一することは、この確認を支える象徴となりうる。

大型前方後円墳を中心とする古墳のあり方に、政治・社会制度が反映した「秩序」をみる。このとらえ方は古墳時代研究者にも多大な影響を与えることとなった。それまでは古墳を「文化」や「風習」、あるいは漠然とした身分の象徴とみる傾向も強かったのだが、政治や社会の仕組みを端的に表すものと評価されたのだ。いいかえると考古資料から政治や社会を研究する道が開かれることとなったのである。

この議論では、景初三年、卑弥呼が魏に朝貢し「親魏倭王」に冊封されたことが、こうした身分標識を導入する契機となったものとして重視される。中国王朝との新たな「秩序」の構築による強い影響が「飛躍」を生んだのだ。

古代国家形成の飛躍に「国際的契機」をみるのは、日本史研究の立場からも提出されている（石母田正さん）。その著『日本の古代国家』では国際的契機と生産関係の両面からの古代国家成立史が描かれている。第一章のタイトルは「国家成立史における国際的契機」であり、冒頭で「日本の古代国家の成立と構造の歴史的特質の一つは、国際関係ときりはなしては考察できないという点にある」と述べる。後の七世紀における律令国家形成と並べて、国際的契機の意義を説く。

日本古代史研究の研究者のユニークな表現を引用させていただこう（山尾幸久さん）。倭における自らの社会発展を重視つつ、中国からの影響をとりあげる。古墳文化創出の「飛躍」力を生んだ「にがり」となる作用は弥生文化の外からもたらされたのだ。「にがり」は、この時期に中国皇帝から「倭国」の「倭王」位を公認されたこと、また後漢末期に勃興した五斗米道など中国の政治と信仰の影響による。倭にも「新宗教」が勃興し、祭祀・儀礼を共有する信仰共同組織が結成されたものとみる。

†古墳の秩序

前方後円墳に「秩序」の存在を認める見方は、考古学者の間に広く浸透している。古墳の墳形、大きさなどには、当時の社会体制が反映しているのだ。

これをさらに広い考古学的な視野からまとめた成果として、「前方後円墳体制」論が有名だ（都出比呂志さん）。古墳だけでなく、さまざまな考古資料を用いて、この時代の政治体制を具体的に説明する。

古墳の墳形は身分とともに出自なども反映する【図1-7】。最高クラスの人物は前方後円墳で規模も最大クラス。一段下のクラスは規模も一段さがる。前方後方墳は出自などを異にする人物の墓ではあるが、規模においては中型の前方後円墳を上まわるものがある。前方後円墳より身分のさがる墳形としては、帆立貝形古墳、円墳などがあり、その中でも

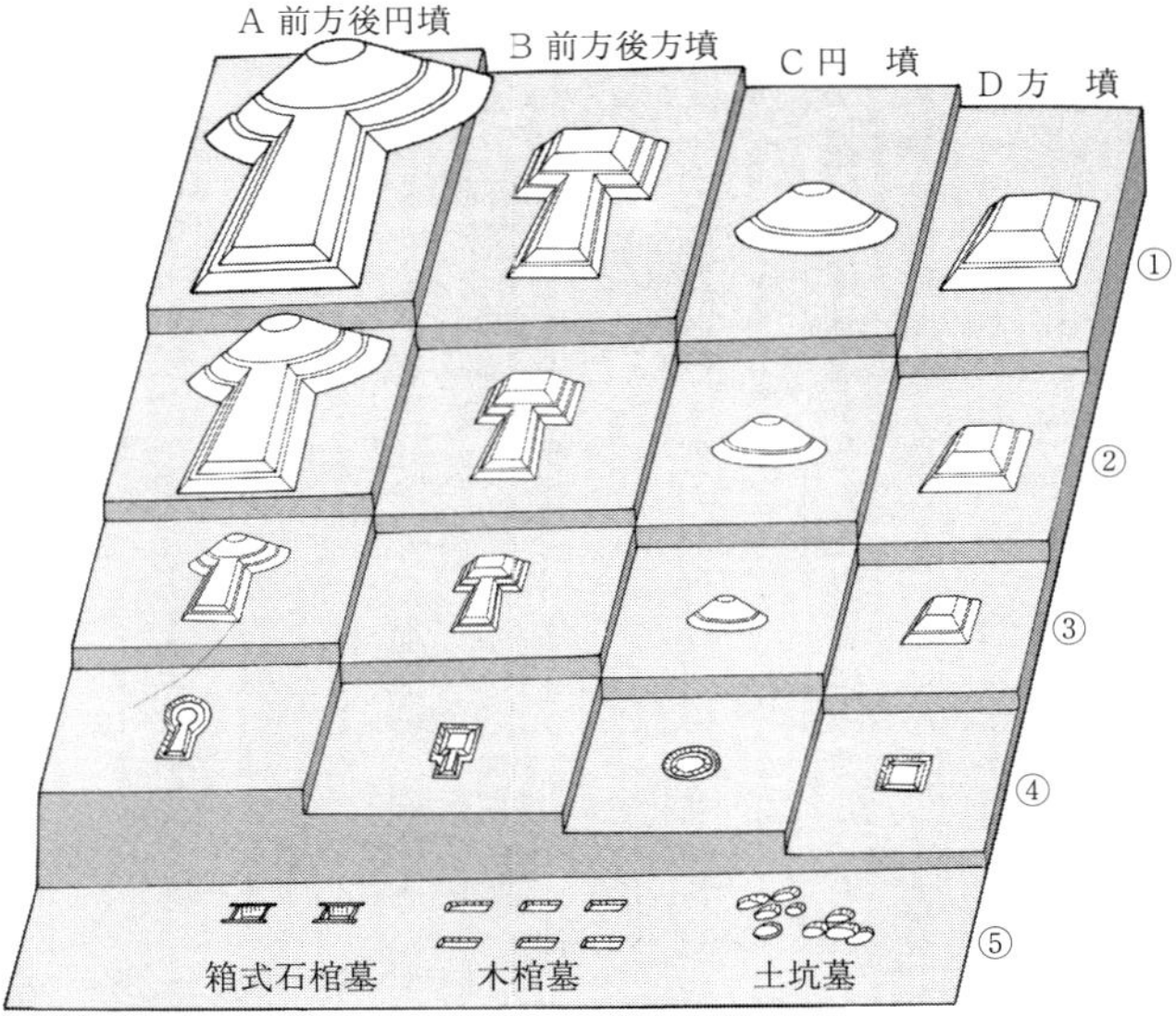

図 1-7　古墳の秩序（都出比呂志編 1989　図 46）

縦列は墳形を示し、横列は墳丘規模のランクを表す。墳形と規模とで、被葬者の出自や地位を示すものと想定された。都出さんは号と級で構成される公務員の俸給表にもなぞらえる。

規模の大小の序列がある。墳形と規模の二つの次元から秩序が構成されていたとみる。

この体制は最初から整っていたわけではなく、時期によって変動することも指摘されている(和田晴吾さん)。その完成は古墳時代中期、五世紀であり、超大型前方後円墳である仁徳陵古墳などを中心に各種の古墳がピラミッド状の構成秩序をみせる。

このように古墳時代は、身分と出自にもとづく社会組織が形づくられており、それは後の幕藩体制などと並ぶ、日本の歴史の一段階として位置づけられる。墳墓の制度だけでなく、身分制や支配組織の進展も認められる。広く世界史・人類史的発展段階の中で「初期国家段階」として古墳時代を評価し、七世紀、律令国家体制の成立した段階への移行期にあたるものとみる。考古資料の実態に即するなら、ある歴史的段階が「国家段階」か否かというように二区分するのではなく、社会の各種の側面が段階的に整っていったとみる方が自然だ。

前方後円墳体制論が与えた影響は大きい。考古学の議論が、もっぱら文献史で進められていた国家形成論に正面から切り込んだのである。余談ながら、私は一九九〇年秋、京都の大学で開催された日本史研究会に出かけ、都出比呂志さんのこの説のデビューを拝聴した。その時の会場を包んだ熱気のすごさを思い出す。考古学もついに国家形成論に本格的に参入するのだと私も勝手に興奮していた。これ以降、古墳時代社会の評価をめぐる主要なテーマとして国家形成論も激しく議論されることとなった。

†前方後円墳の出現年代と東アジア史

近年の研究は、前方後円墳の出現過程と中国を中心とする東アジアの政治・社会情勢とを直接結び付ける考えを後押しする方向へと進んでいる。

それは定型化した前方後円墳のはじまりの暦年代を、三世紀中ごろから後半とみる考えが広まってきたことによる。大きなパラダイムの変化だ。私が学生の頃は、古墳時代のはじまりは三世紀末から四世紀はじめと習ったものだ。はやくに疑問を呈する研究者もおられたのだが、大勢は変わらなかった。たかだか数十年のちがいというなかれ、この年代観の変化は、前方後円墳の出現をめぐる歴史観の変動につながる。

三世紀中ごろといえば邪馬台国の女王卑弥呼の時代とも重なる。年代観をめぐる議論は、邪馬台国の所在地論争とも結びつく。前方後円墳の時代、大型墳墓はあきらかに大和に集中する。その年代が卑弥呼の時代に近づけば近づくほど、邪馬台国畿内説に有利となる。九州説に立つ場合、この年代観は承服しがたいものだ。そもそも九州説の考古学的な根拠は、邪馬台国の時代となる三世紀の大半は弥生時代であり、その時代であれば、墳墓の内容など九州の方が優勢と考えられてきたことにあった。年代観が変化すれば、その優劣評価に逆転も生じかねない。

こうした年代観の変化を支える根拠は、三角縁神獣鏡など銅鏡の研究にある。三角縁神獣鏡といえば「卑弥呼の鏡」か否かをめぐって話題にのぼることが多い、問題の鏡である。ただし、そうした論争とは別に、この鏡の製作年代を研究すると、三角縁神獣鏡の初期のタイプは三世紀中ごろであることが確かめられる。それらを副葬し始めた出現期の古墳も同時期と理解できる。

また三角縁神獣鏡以外の中国鏡の年代研究も進んだ。銅鏡の副葬には伝世（作られた後、長い年月を経て古墳に副葬する）という厄介な現象があり、鏡の年代と副葬された古墳の年代をストレートに結びつけることはできない。そのため、四世紀に近い時期に引き下げて考える意見もまだある。しかし三角縁神獣鏡だけでなく、他の三国時代の鏡なども、いずれも大型前方後円墳出現以降の古墳からしか出土していない。全体の研究状況からは、前方後円墳の出現年代は三世紀中ごろ前後とみるのが妥当だ。近年、年輪年代研究や質量分析計を利用した炭素一四年代測定法の結果もこれに近い。なお「三世紀中ごろ」か「三世紀後半」かのような微妙な差も研究者間にあるが、本書では「三世紀中ごろ」で統一する。

三世紀中ごろとなれば、中国では、強大な勢力を誇った漢帝国が滅亡した時期と重なる。そして分裂と新たな勢力が勃興した時期でもある。そうした中国を中心とする東アジア世界の変動と、前方後円墳の出現を結びつけることができる。先に紹介した西嶋説のように、魏への遣使をきっかけとし、中国王朝と新たな交流が生まれた変化の時期と重ね合わせることができ、よりダイナミックな運動として理解できる。「魅力」だけで学説を判断するのは反則だけれども、古墳出現の変動を、東アジアの動向と広く関連づけて検討できるようになってきたのだ。

3 中国王朝の変動

前方後円墳の出現と海外との関係を考えるために、東夷の世界との本格的な交流が始まった時代の中国や朝鮮半島はどのような情勢であったか、やや長い時間幅で歴史の流れをみておこう【表1-1】。

紀元前二世紀、漢帝国の拡大・進出により、朝鮮半島や倭など東夷世界は大きな影響を受け、部族社会から中国の史書で「国」と呼ばれるまとまりが発展する。王朝と直接に朝貢関係をむすぶ国も登場し、それぞれの地域で国の統合が進む。中国の器物が朝鮮半島南部や倭の地で出土するようになり、地域間の交易や人の往来も活発化する。

三世紀はじめに漢帝国が滅亡し、三国時代、晋、南北朝時代という分裂の時代に移行す

朝鮮半島南部		倭	
(衛氏朝鮮)			
			「樂浪海中有倭人、分爲百餘國、以歳時來獻見」
三韓時代		弥生時代	奴国王、後漢に朝貢(57)
			倭国王帥升、後漢に朝貢(107)
	馬韓、辰韓、弁韓 「韓濊彊盛、郡縣不能制、民多流入韓國」		「倭国乱」
			卑弥呼、魏に朝貢(239)
			台与、西晋に遣使(266)
三国時代(高句麗・百済・新羅)・加耶	(百済・新羅成立)	古墳時代	
	広開土王南進		
	百済の近肖古王、東晋に朝貢(372)		倭の五王、南朝に遣使(421～478)
	百済漢城陥落、熊津に遷都(475)		

表 1-1　古代東アジア年表

		中国	朝鮮半島北部・周辺
	前漢	武帝(前141－前87在位)	
			漢武帝、四郡設置(前108)
前100			高句麗勃興
			真番・臨屯廃止(前82)
紀元1			
	新	王莽、漢王朝を簒奪(8)	王莽、高句麗王騶を殺害(12)
	後漢	後漢の成立（25）	
100			
		黄巾の乱（184～）	公孫氏勢力拡大
200			帯方郡設立
		後漢滅亡(220)	高句麗、集安（国内城）に遷都(204)
	三国		公孫氏滅亡(238)
		西晋成立（265）	魏、高句麗を攻撃、国内城陥落（244）
	西晋	西晋、中国を統一(280)	
300		西晋滅亡(316)	高句麗、楽浪・帯方郡を滅ぼす(313)
	南北朝	江南に東晋成立（317）	
			高句麗故国原王、百済との戦闘で戦死
		淝水の戦、前秦破れる(383)	広開土王（391～412在位）
400			長寿王（413～491在位）
		劉裕、宋を建国(420)	広開土王碑文(414)
		北魏、華北統一(439)	
			高句麗、平壌に遷都(427)
500		北魏、洛陽遷都(493)	

る。また北方では異民族の王朝が樹立され、西方の信仰や文物の流入が活発化し、仏教も隆盛する。

その三〜四世紀に、朝鮮半島では高句麗、百済、新羅、加耶の諸国や倭で王権が誕生する。それぞれの勢力が抗争や連合を繰り返し、中国の王朝と交渉を進めながら、さらに政治的なまとまりが伸長する。

†漢から南北朝時代へ

古代の東夷の地に多大な影響を与えたのは、漢帝国である。漢は中国の広大な地域を統治し、さらに周辺地域に勢力を拡大する。朝鮮半島や倭にとってとくにインパクトとなったのは、紀元前一〇八年、前漢の武帝が衛氏朝鮮を滅ぼし、楽浪・真番・玄菟・臨屯の四郡を置いたことである。最終的には楽浪郡が残ることになるが、この楽浪郡が窓口となり、中国の文物が東夷世界に数多くもたらされることとなった。

前漢時代、漢の文化は東方だけでなく、北方地域や西域、南はベトナムに至るまで広大な地域に浸透した。しかし後漢も後半、二世紀になると朝廷内部での抗争、周辺民族の反乱の中で王朝の権威は低下してゆく。その中でも決定的な出来事としては黄巾の乱の発生があり、政権に大きな打撃を与えた。混乱の中で、董卓、袁紹など軍閥が力を発揮して衰亡の道をたどる。

そこで登場してきたのが、魏の曹操、呉の孫権、蜀の劉備であり、二二〇年、魏への形式的な禅譲により漢王朝は滅亡する。彼らが作り出した地域政権がそれぞれに皇帝を樹立し、三国時代が成立した。

魏では次第に司馬氏が勢力をもつ。蜀が滅亡し、やがて魏から政権を引き継いだ晋が呉を滅ぼし、ここに再び中国の統一が実現した。しかし三〇一年に始まる諸王を巻き込んだ政権争い（八王の乱）、さらに匈奴などの反乱（永嘉の乱）、相続く天災などを通じて北部は荒廃し、帝室は江南に移り、東晋となる。王室と一緒に貴族も南遷した。

東晋はその後、一介の武将から身を起こした劉裕によって滅ぼされ、宋が建てられる。宋、斉、梁、陳と続く南朝は、倭の五王や朝鮮半島の諸国が遣使した相手として知られる。再び東夷の諸国が文献に登場し、活発な外交関係を繰り広げる。

一方、華北では「五胡」と呼ばれる非漢族が相次いで王朝を樹立する。「南北朝時代」とも表現されるように、南は主として漢族を中心とした王朝、北は非漢族が主体となる王朝が並立していた。四三九年には鮮卑族拓跋部の建てた北魏が華北を統一し王朝を開いた。北魏はやがて分裂し、北斉、北周が続く。北周から政権を受け継いだ隋の楊堅が陳を滅ぼし、五八九年、二六〇年ぶりに天下が統一されるに至る。

三国時代の始まりから、隋の統一に至るこうした分裂の時代こそ、朝鮮半島や倭において「王墓」が出現と発達をとげた時代であった。

†分裂と刷新の時代

「分裂の時代」というと、安定志向が強い私たちは、マイナスのイメージをもってしまいがちだ。しかし「分裂」によって安定・膠着化した社会が流動化し、新たなエネルギーが注入されるのであり、異なる文化間でのさまざまな交流も活発化する。この時代は、六朝文化という新たな文化が花開いた時代でもあった。

まず注目されるのは宗教の発展だ。非漢民族が王朝を樹立した北魏では、皇帝が自らの地位の正当性を保つ拠り所として、道教や仏教などの宗教を利用した。当初は道教が国教の地位を獲得し、仏教は弾圧（廃仏）の対象となる。その後は仏教を庇護し、国家仏教へと成長する。道教、仏教ともに教団組織を形成し、「三教」として相互に影響を与えながら発達をとげてゆく。仏教は南朝でも発達し、朝鮮半島を通じて、やがて倭にも伝来し、多大な影響を与えた。

こうした宗教文化の発展を如実に示す遺跡が、山西省大同市の雲崗石窟、河南省洛陽南郊の龍門石窟である。雄渾かつ精美な彫像群は圧巻だ。これらの仏教美術は、ガンダーラ地方など西方からもたらされたもので、このルートを通じて、ゾロアスター教やササン朝ペルシアの文物も伝わった。敦煌の石窟群もこの時期から開削されたものだ。こうした交流の担い手となったのはソグド人など西方の民族であり、北周時代の彼らの墳墓が西安周辺などで発掘され、注目されている。

六朝文化の担い手は貴族層である。皇帝権力が相対的に弱まるとともに、名族が権力をつけ、豪奢な生活を享受するとともに、文芸や芸術活動にも力を入れた。後漢末には曹操や子の曹植が中心となって建安文壇が形成された。絵画技術も発展し、東晋代の顧愷之は流麗な表現で人物を描いた。東晋の王羲之は書聖として著名だ。文学、絵画や書を個人の芸術作品として尊重するようになる。

戦乱による地域社会の崩壊は人の大規模な移動を引き起こした。それは技術や思想の伝播に寄与する。仏教の隆盛や道教の興隆、そして両者の対立は一方で相互の影響関係による変化を促し、社会への浸透を深めた。

この時代の大きなうねりを起こした要因として重要なのは、中国が南北の二つの勢力圏に分かれ、南方では漢族による王朝、北方では主として漢族以外の異民族の王朝が続いたことだ。先にも触れたように、北方では西方とのつながりから仏教をはじめとして、果てはローマに至る西方のさまざまな文化が積極的に取り入れられた。また異民族が漢族を支配・懐柔するための政策として、宗教が広く利用された。南方では経済的に安定した地盤を背景に貴族文化と宗教文化が熟成する。このように南北に二つの渦巻が形成され、外来の文化を巻きこみ、さらに互いに刺激しあうことにより、活発な動きに満ちた社会が形成された。その影響は、朝鮮半島や倭の社会形成にも及ぶこととなる。

4 東夷の社会変化

†中国と朝鮮半島

中国が大きな社会変動の渦中にあるとき、朝鮮半島や倭ではそれまでの部族社会から脱却して各小地域に政治的なまとまりが誕生し、王権へと発達してゆく。それぞれ地域勢力が成長するにつれて衝突の機会も増える。また中国諸王朝とさまざまな外交関係を結び、他勢力への牽制をはかる。朝鮮半島は大陸と地続きであり、軍事侵攻など中国の直接的影響を受ける場合も多かった。

朝鮮半島においては、『三国遺事』に記された檀君神話、『史記』にある箕子朝鮮など伝説的な王朝は別として、史料からある程度の政治的な存在が確認されるのは、紀元前三世紀末、中国北方の燕から亡命した衛満が打ち立てたとする衛氏朝鮮からである。

漢の武帝はこの衛氏朝鮮を滅ぼし、楽浪ほか四郡を置く。楽浪を通じた東夷の支配は後漢王朝の衰えとともに弱体化し、二世紀には扶余・高句麗などの勢力が伸長する。一方、二世紀後半には遼東太守となった公孫氏が独自の勢力を築き、三世紀はじめのころ、楽浪郡の南に帯方郡を樹立する。韓と倭は帯方に属するとあり、漢王朝への直属から公孫氏へ委任された格好となる。

三世紀の朝鮮半島南部については、『三国志』韓伝に、馬韓・辰韓・弁韓の「三韓」に分かれるとある。後の百済・加耶・新羅につながってゆく地域勢力のまとまりが形成されていた。

三世紀前半には、公孫氏が中国東北部から朝鮮半島北部に及ぶ地域政権を樹立する。魏や呉とそれぞれに外交関係を展開して勢力を維持するが、二三八年、魏は司馬懿を派遣し公孫淵を打ち滅ぼした。

邪馬台国の女王卑弥呼が魏に使いをもたらしたのは、この三国時代の複雑な政治情勢の中でのできごとであった。景初三年（現在に伝わる『三国志』では「景初二年」と記す）、魏の皇帝に使いを送る。

この遣使には外交的な意図があったともいわれる。公孫氏の滅亡により、呉や蜀と対峙する魏を背後から脅かす勢力が消滅した。卑弥呼の遣使は、そうした慶事の機会をねらったものではないかとみる説がある。

こうした中で中国の直接的な支配は衰退し、かわって濊や高句麗など地域の勢力が伸長してゆく。そして四世紀前半、高句麗が楽浪・帯方郡を滅ぼすことにより、朝鮮半島の勢力は中国王朝からの独立傾向を強める。

四世紀からは、朝鮮半島でも三国時代と呼ばれるように、北部の高句麗、南西部で馬韓の伯済国から百済、南東部では斯盧国から新羅が誕生し、加耶や馬韓の勢力なども加わって複雑な政治関係を形成する。高句麗は南下して、百済との間で激しい戦闘を繰り返す。新羅も高句麗や倭からの侵攻や占拠も受けつつ、五世紀後半から王権を拡大させる。

†「国」の発展

三世紀の朝鮮半島や倭の情勢を知る上でもっとも重要な文献史料は『三国志』魏書東夷伝である。政治の仕組みや産物・風俗など豊富な情報を提供してくれる。

その中で注目したいのは、この時代、朝鮮半島南部の馬韓・弁韓・辰韓の地域や倭が、多数の国邑に分かれていたという記述だ。それぞれに「臣智」や「官」といった統括者がいたともあり、一方で「辰王」や女王卑弥呼など、そうした国々の集まりの中心には

「王」が存在した。

『後漢書』東夷伝には、建武中元二（五七）年に倭の奴国が、後漢王朝を開いた光武帝のもとに朝貢し、印綬を受けたことが記される。福岡県志賀島から出土した「漢委奴国王」金印は、この際に与えられたものと考えられている。こうした「国」の「王」が中国王朝と外交関係を結ぶ場合もあった。

倭に関しては、今に残る地名や考古学的な遺跡の調査成果を総合すると、島や平野など地形的な単位で、現代の市町村に近いか、それより小さい程度の地域的なまとまりが「国」にあたるものと考えられる。大きな集落を中心に、いくつかの集落が集まって国邑を形成していたのだろう。国には中国王朝と関係を結ぶことができる「王」も存在した。第二・三章で触れるように、それぞれの「国」で豊かな副葬品をもち、中国とのつながりをもつ有力者の墓が発達したのもこの時期だ。

三世紀、魏志倭人伝によると、「伊都国」「奴国」のように、先と同じ「国」のまとまりを継承しつつ、「倭」ないし「倭国」という連合をも形成していたらしい。こうした連合のきっかけとなったのは二世紀後半の「倭国乱」であった。その前から「王」は存在したが、卑弥呼は新たな王として「共立」されたのであった。魏への朝貢も、この卑弥呼という「倭王」が倭というまとまりを代表しておこなったものであった。一方、女王に服さぬ狗奴国という勢力も並立していた。なお倭人伝の表現では、おのおのの「国」が「官」と「副官」によって統治されていたことになる。

三世紀には、三韓の地域でも、それぞれが多数の「国」で構成されていると同時に「辰王」という、国々を統括していたらしい「王」が登場する。

†交流と社会発展

こうした紀元前一世紀〜紀元後三世紀における朝鮮半島や倭の「国々」の発展に関して、考古学の成果からは、新たな側面が明らかにされつつある。詳しくは第二章で触れるが、さまざまな器物の交易や技術・人の往来が重要な役割を果たしていたということだ。

文献史料では、中国と東夷の外交交渉、戦争などに関する記載が中心で、一般的な交易に関する記述はとぼしい。しかし考古学の調査研究成果からは、「国」と「国」の関係に限らず多様な交流関係の存在が明らかになりつつある。こうした文物が東夷の社会にどのような影響を及ぼしたのか、考古資料を通じた検討が進展している。

また墳墓の調査研究からは、そうした器物を入手し、墓に副葬した有力者層の登場も確認できる。紀元前一世紀〜紀元後三世紀にかけて、社会の階層化が一層進んでいたことが、明らかにされている。「国」と呼ばれた集団同士の統合も進んでいたはずである。その中からやがて王権が誕生するのである。

†王権の成立

三～四世紀になるとさらに渦巻の求心性が強まり、小渦巻が集合して大きな渦巻を形成し、その中に「王権」という核となる存在が登場する。成長した大渦巻同士が対立や連携などを繰り返しながら、自立性を強める。朝鮮半島では高句麗・百済・新羅および加耶の国々、日本列島では倭王権が確立した。

中国王朝にもっとも近く、早くから支配体制が発達したのは、中国東北部から朝鮮半島北部に及んだ高句麗である。紀元前一世紀には勢力として確立していたらしく、その中心は卒本（現在の遼寧省桓仁県）の五女山城や丸都（吉林省集安市）にあった。三世紀初めには平地の国内城（集安市）と山城の丸都山城（集安市）が整備される。

三～四世紀になると中国王朝との抗争が激しさを増す。魏は将軍毌丘倹を派遣し、王都を陥落させた。しかし、やがて力を蓄えて楽浪郡や帯方郡を攻撃し、三一三年には両郡を支配下に収める。四世紀前半には前燕と対峙するが、三四二年には燕の大軍が王都に侵入し、前王の美川王の墓を暴き、王母や妃を捕え、宮殿を焼き払ってしまう。さらに受難は続き、百済が成長して南方からの脅威となる。三七一年には故国原王が戦死してしまい、混乱の時代を迎える。

苦難の時代の中で政治体制は進展をとげた。当初は小国の連合体であったのが、やがて中央集権化した貴族連合の政治体制が形成されてゆく。

こうした状態を経て四世紀末に登場したのが広開土王（好太王）である。「広開土王碑」【図1-8】で知られる王は四方に親征を繰り返し、まさに国土を「広開」した。続く長寿王は四二七年に平壌の地に遷都し、高句麗の全盛期を迎える。また南朝の宋に遣使して冊封体制に参入した。集安や平壌の地には、この時代の高句麗の隆盛を物語る巨大な王墓、都城、山城が残されている【図1-9】。しかし六世紀中ごろ以降は、貴族層の分裂、隋唐からの圧迫、新羅の成長により、六六八年に滅亡に至る。

朝鮮半島中西部には百済が位置した。馬韓の伯済国を中心に小国が連合し、三〜四世紀前半に百済という国のまとまりが成立する。その中心は漢城、現在のソウルにあった。ソウルには風納土城【図1-10】や夢村土城など、この時期の中心地と目される巨大な土城遺跡が残されている。三七一年に高句麗に戦勝し、翌年には東晋に朝貢し国際舞台に躍進することとなった。一方、「広開土王碑」によれば、四世紀末以降、倭と結び高句麗との戦闘が繰り返された。蓋鹵《がいろ》王のおりには北魏とも関係をもつが、貴族との対立の中で弱体化し、四七五年に漢城は陥落する。

図 1-8（右） 広開土王碑　中国集安市

図 1-9　高句麗の山城城壁　北朝鮮平壌市大城山城

図 1-10　百済王城の城壁　韓国ソウル市風納土城

その後、熊津（現在の公州）を中心に再建される。しかし、さらに高句麗の圧力が強まる。この時期、百済は中国南朝と強いつながりをもち、また倭との関係も深められた。国力の回復に努めた武寧王の墓が公州で発見されており、この時代の朝鮮半島・日本で被葬者名が明確に判明した唯一の墳墓として貴重な存在である。百済はまた南方の栄山江流域への支配力の強化を試みる。この地域は一定の独立性を保った在地勢力が展開していたが、百済の進出によって変貌をとげる。日本列島以外で前方後円墳が築かれた地域として重要だ。

五三八年に泗沘《しひ》（扶余）に遷都する。しかし、高句麗・新羅との抗争は続き、最後は倭の支援を受けつつも、六六〇年、唐と新羅の連合軍によって滅亡に至る。

三〜四世紀の百済に関しては、王族や大臣と称される有力者を中心に支配体制が成立していたようだが不明な点が多い。五世紀後半の漢城の陥落は大きな転機となり、有力貴族の没落とともに王権の強化、支配体制の拡充が進む。六世紀には整備された官位制にもとづく国家体制が成立している。

新羅も、始祖伝説は紀元前の時期まで遡るが、確認できるのは辰韓の斯盧国を前身として成立した四世紀後半である。この頃には中国の前秦にも使いを送っていたらしい。中心は一貫して慶州にあり、この地には大量の墳墓が集中して築かれている。四世紀後半には

「麻立干」という最高支配者も存在するが、慶州内に六部と称する小地域があり、それぞれに自立的な政治集団を保ちつつ、外部に対しては結束していた。

当初は高句麗に従属的であったが、五世紀後半ごろから独立してゆく。六世紀になって王権の強化がはかられ、とくに法興王は官位制を設け、国政の整備を進めた。また五二一年には南朝の梁に遣使もおこなう。五四〇年に即位した真興王は対外的な拡大を進め、衰退しつつあった高句麗を脅かし、また百済を撃破、さらに五六二年には加耶の領域を摂取し終わる。こうして国力をつけた新羅は最終的には七世紀後半に朝鮮半島を統一するに至るのである。

三国の中では新羅の支配体制の整備がもっとも遅れて進行した。六世紀はじめまでは王の超越的地位は確立しておらず、体系的な身分制もなく、首長層の連合支配的性格が強かったようだ。しかし六世紀中ごろまでには王権が飛躍的に進展し、官位制も整備された。これが後に他国を凌駕する原動力になったものとみることができる。

朝鮮半島南東部に位置する加耶は一つの国ではなく、小国の連合体であった。その中で洛東江下流域の金官加耶（現在の金海市）とその上流の大加耶（高霊市）が中心的な位置を占めた。金官加耶は倭との交流が深く、四世紀は盟主的な役割を果たしていた。五世紀後半には大加耶が台頭した。

六世紀になるとまず百済、続いて新羅から侵攻を受けることとなる。新羅の攻勢の前に加耶諸国が倭へ救援を求めた際、九州で発生したのが有名な磐井の乱である。百済を中心に倭を加えて復興会議もおこなわれたが、五六二年の大加耶の滅亡をもって加耶は新羅の手に落ちることとなった。加耶の諸国は水系や盆地ごとの小さな単位で国を形成していたが、これと対応するように、そうした地域ごとに墳墓群のまとまりが確認されている。

5　渦巻の展開

「はじめに」でも述べたように本書では、『三国志』東夷伝などで「国」と表現された地域勢力がやがて王権を中心とした大きな勢力へと発展・統合してゆく状況を、渦巻の生成と発展になぞらえている。

そのような表現を用いる理由のひとつとして、「国」や「地域勢力」という言葉から、現代の市町村や国家のように境界線のはっきりした地域的なまとまりが連想されるのを避けたいという気持ちがある。古代の人々の地理観が、そうした明確な境界をもった概念であったとは考えられない。考古資料からみても、中心となる集落や墳墓があり、その周辺に小さな集落が集まった単位が「国」の実態であった。

そうしたまとまりは、統合・分裂を繰り返し、目まぐるしく姿を変えながら展開していった。その一方、各地域には核となる勢力や有力者が成長しており、これをもって渦の中心ととらえることができる。紀元前一世紀から紀元後三世紀にかけて、小さな渦が連なりはじめ、まだ強固な連携ではないものの、より大きな旋回を形成していった。

時期が降るにつれ、成長した渦巻同士の「衝突」に関する文献記事が増える。二世紀の「倭国乱」、三世紀段階では、倭の中で邪馬台国と狗奴国との抗争に関する記事がある。邪馬台国と狗奴国との争いの際には、魏が邪馬台国に味方しており、中国王朝がこうした遠隔地の紛争にも関与した。間接的なものではなく、実質的な影響力を行使しはじめたのである。

三〜四世紀には高句麗と中国王朝との戦闘が激化し、一方で百済との戦争も発生する。広開土王碑文を率直に理解するなら、その中で倭人もしばしば朝鮮半島への侵入をおこなった。五世紀には、高句麗、百済、新羅、倭など大きな渦巻が形成された。こうした国々の位置や範囲は歴史地図上では明確な境界線で区別して表現されるが、実態としては、今の国家のような強い組織体をなしていたわけではない。中心に「王」と呼ばれる存在が誕生してはいても、部族や地域の連合的な「国」であった。そうした意味で「渦巻」の段階を脱してはいないのである。

それらの大きな勢力となる渦巻は、他の勢力を圧倒するために、中国王朝の叙爵を求める。七世紀、百済復興勢力と倭の連合軍が白村江で敗北し、朝鮮半島が統一新羅にまとまるに至るまで、それぞれの地域の渦は膨張とそれにともなう衝突を続けたのである。

そして、こうした渦巻の発展は単なる対立・合併の歩みではない。さまざまな物品や人の往来を通じ、渦巻同士の関係は緊密化、相互に依存が進んでいた。そうした交流状況を具体的に物語るのは、考古学の出番となる。

第二章

ものとひとの往来

須玖岡本遺跡D地点出土の中国鏡

1　漢文化の波動――紀元前一世紀〜紀元後一世紀

†波動の起点

古代の朝鮮半島と倭の各地に渦が発生し、独自の勢力として成長してゆく上で、促進剤となったのは漢王朝の介入である。そこで発生した波動に乗って、さまざまな器物や技術が到来し、さらに各地域の渦巻を拡大させた。

紀元前一〇八年、漢の武帝によって衛氏朝鮮が滅ぼされ、四郡が設置される。そのひとつである楽浪郡は、東夷世界の渦巻を飛躍的に発達させた【図2-1・表2-1】。楽浪郡を通じ、中国製のさまざまな器物が朝鮮半島や倭の地域に数多く流入した。楽浪郡では青銅器や鉄器、土器などの生産がおこなわれており、その技術もまた伝播した。漢代より前の戦国時代にすでに、中国東北部の燕の地域から朝鮮半島南部に青銅器や鉄器、それらの製作技術などがもたらされていたが、その伝播の動きが加速したのである。

このように先進地とつながる交易の核ができると、この核との接触の頻度、関係の近さに応じて、朝鮮半島・倭の各地域集団の間にさまざまな地域差も生ずる。希少な器物や新

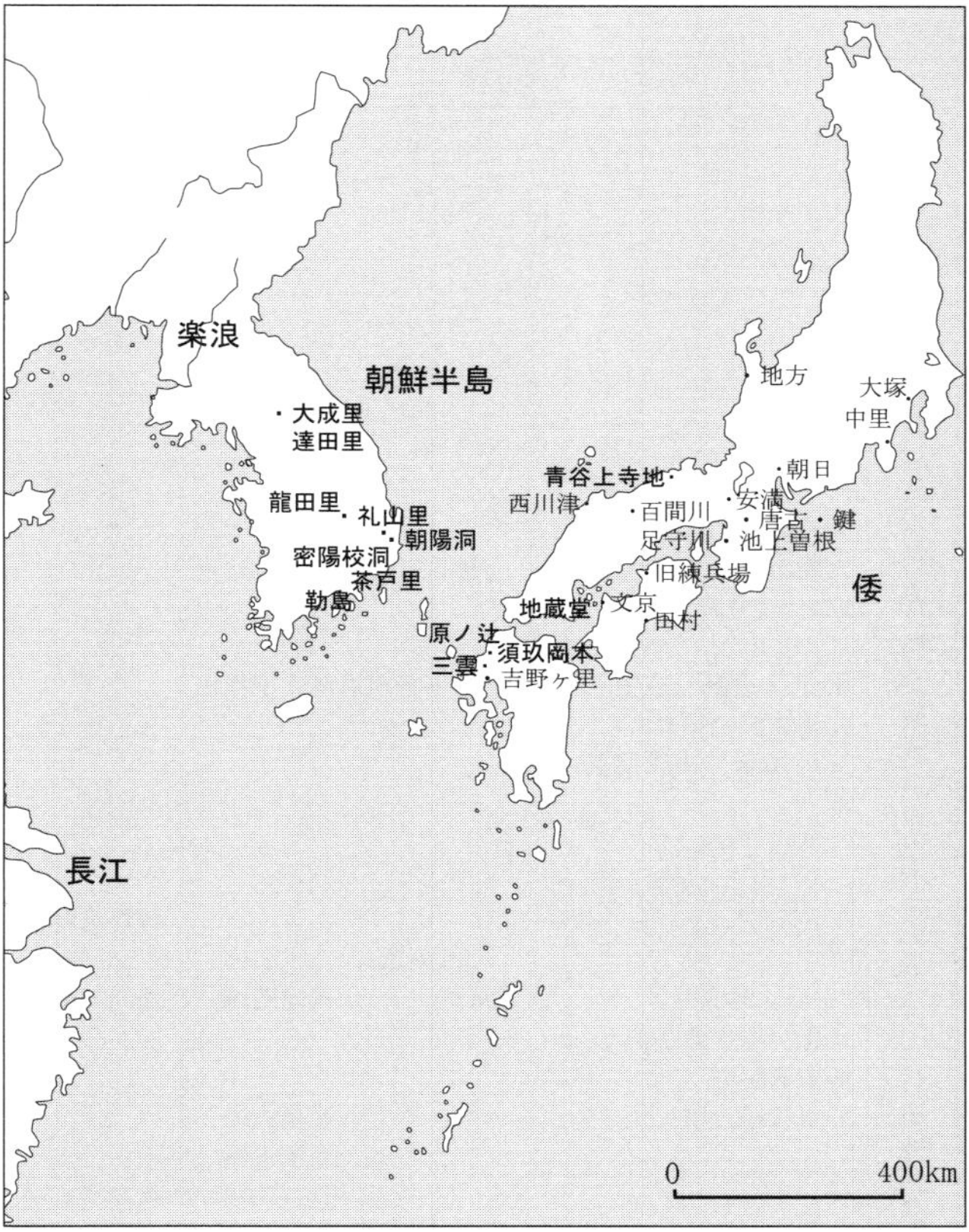

図 2-1　朝鮮半島・倭の関連遺跡　紀元前 1 世紀〜紀元後 1 世紀の遺跡

	倭			
弥生時代	須玖岡本D地点墓、三雲南小路1・2号墓、立岩10号墓		唐古・鍵遺跡大型建物	
	原ノ辻遺跡　三雲・井原遺跡(～3c) 桜馬場墓、井原鑓溝墓		池上曽根遺跡大型建物	
古墳時代(前方後円墳時代)				伊勢遺跡
		楯築墓		
	(平原1号墓？)	西谷墓群	纒向遺跡	廻間SZ1
	比恵・那珂遺跡群			
	博多遺跡群			
	那珂八幡古墳		箸墓古墳	
			黒塚古墳	
			佐紀古墳群	東之宮古墳
			津堂城山古墳、	宝塚1号墳
	女狭穂塚古墳	造山古墳	履中陵古墳	
			行者塚古墳	
		作山古墳	応神陵古墳	
			南郷遺跡群	
			仁徳陵古墳	
	岩戸山古墳		今城塚古墳	

表 2-1　関連遺跡年表

	中国		朝鮮半島北部		朝鮮半島南部
		中山王墓			
	秦				
		始皇帝陵			
前 200					
		陽陵（景帝）			
前 100	前漢	満城漢墓 茂陵（武帝）	（四郡設置）		大成里遺跡（前期） 達田里 2 号墓
			（大楽浪郡） 王根墓		茶戸里 1 号墓、龍田里墓、密陽校洞 3・17 号墓、朝陽洞 38 号墓、礼山里 31 号墓
紀元 1	新		王光墓		
		（光武帝陵） 北荘漢墓	石巌里 9 号墓	原三国時代	
			王盱墓		
100	後漢				舎羅里 130 号墓 隍城洞遺跡（Ⅰ期）
		武氏墓群			
					良洞里 162 号墓
200		西高穴 2 号墓	彩篋塚		隍城洞遺跡（Ⅱ期） 良洞里 235 号墓
	三国				
	西晋				
300			（楽浪郡・帯方郡滅亡）	三国時代（高句麗・百済・新羅）・加耶	
					石村洞墳墓群 大成洞 13 号墓
400	南北朝		太王陵、将軍塚、広開土王碑文（414）		
					（皇南大塚南墳）
			土浦里大塚		天馬塚
500		孝文帝陵			武寧王陵

しい技術・文化を積極的に入手した集団は、政治的な影響力をも獲得する。集団の位置する自然・地理条件ではなく、社会的な関係の不均衡が格差を生み、大小の渦巻のちがいをつくりだした。

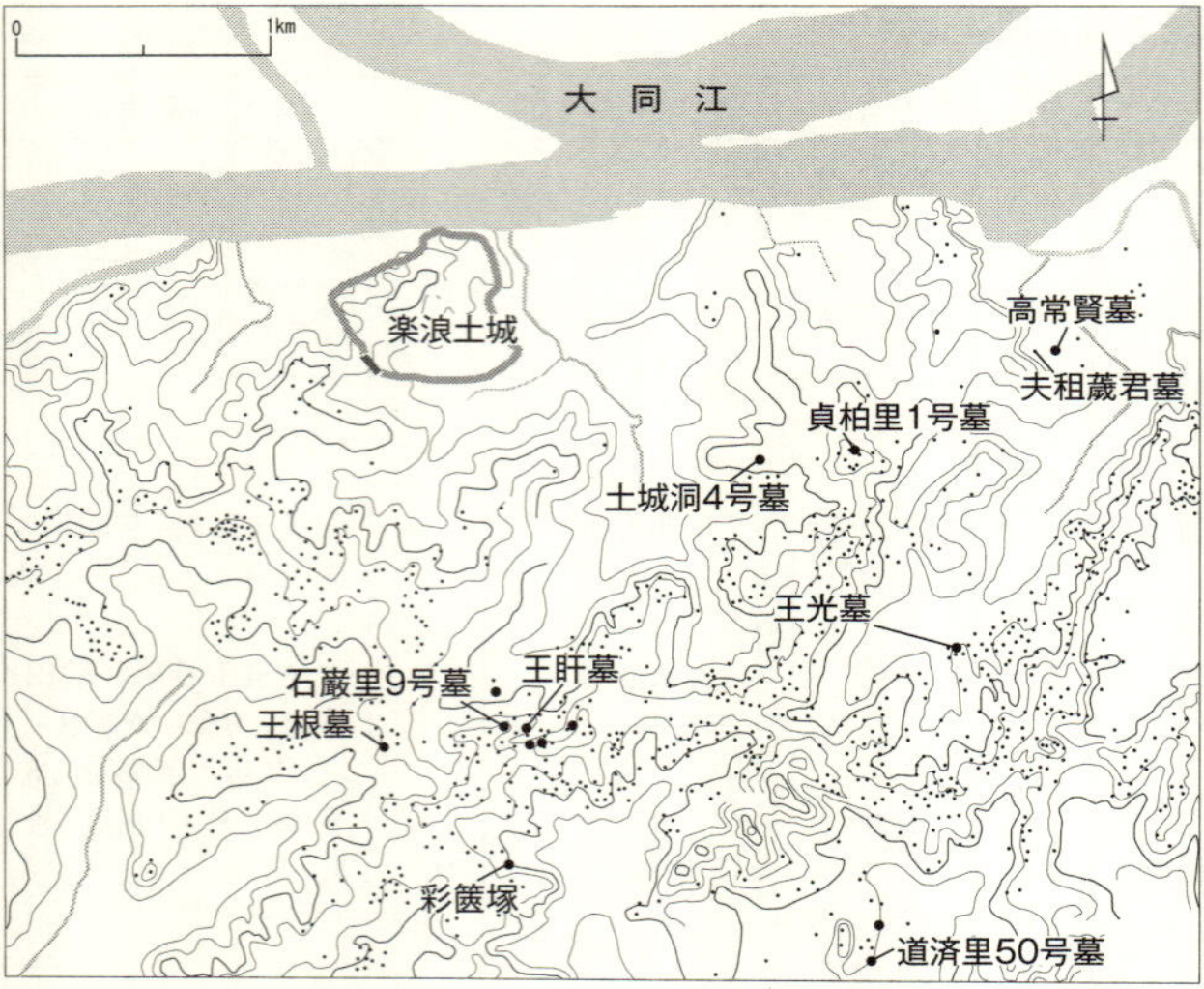

図 2-2　楽浪古墳分布図

†楽浪——漢文化の中継地

楽浪郡の中心地は現在の平壌市にあった。市の中央部を流れる大同江南岸の地域には、「楽浪漢墓」と称される漢代の多数の墳墓群が残されていた【図2-2】。また大同江に面して土城も存在し、郡の中心と推定されている。これらの遺跡は、戦前の日本の占領下時代から発掘がおこなわれてきた。多数の漢式の墳墓が確認され、印章、玉器、銅鏡、漆器、車馬具、武器など、漢の豊富な器物が出土した【図2-3】。

こうした出土品は、漢の制度や様式に沿った生活がこの地で営まれていたことを示す。楽浪郡に関わる官人の墓が主体であったとみられる。近年には前漢代の戸籍に関する木簡も出土し、楽浪郡の行政の一端が知られている。官人は行政に携わるとともに、礼制にもとづいた儀礼や生活を営んでおり、そうした活動に必要な漢式の器物を豊富にそなえる。

楽浪郡の社会では、在地の豪族が大きな役割を果たしていた。太守など上級官僚は王朝から派遣されたが、主な実務は地元出身者が担ったのであり、楽浪漢墓の多くもこうした在地官人の墓であろう。墓には漢文化の影響が色濃くみられるのと同時に、鉄製短剣、鉄矛、鉄製の轡など在地製品（非漢式器物）と考えられる器物も出土している。漢式器物を多く副葬した上位層と、非漢式器物中心の下位層というように、墳墓に階層のちがいもあることが認められている。身分に応じて、佩用できる印綬や車馬の制などに区別もあった。

楽浪は中国各地の物産の集散地でもあった。とくに目をひくのは漆器と銅鏡だ。出土した漆器には、「廣漢郡」「蜀郡西工」といった、四川の製作工房の産であることを示す銘文が記されている【図2-4】。紀元前一世紀～紀元後一世紀の製品が中心だが、二世紀にも流入は継続する。「はじめに」でも触れたように、四川製の銅鏡も楽浪から出土している。

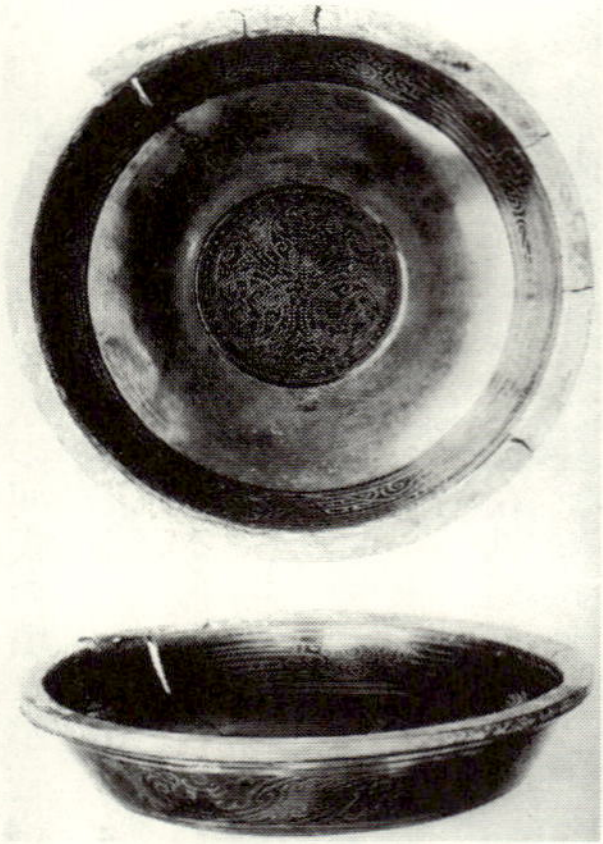

図2-4　楽浪漢墓出土の四川製漆器

図2-3　楽浪上位層の墓　北朝鮮平壌市彩篋塚　2世紀

四川と倭を結ぶ仲介地はこの楽浪にあった。江南で作られた陶器も出土しており、楽浪は中国の各地と広く交易をおこなっていた。

こうした中国各地からもたらされた製品や楽浪周辺で製作された器物が、朝鮮半島中部・南部や倭などの東夷世界に流入する。楽浪は漢の辺境地の統治機構を担うとともに、中国各地からの物産の仲介地として、東夷社会の発達に大きな影響を与えることとなった。

†楽浪と朝鮮半島中部・南部

近年の発掘や研究により、楽浪から朝鮮半島中部・南部地域への器物の流入や影響について、具体的な様子が明らかとなってきた。三韓時代、原三国時代と呼ばれる時期のことだ。

朝鮮半島中部の加平市大成里遺跡では、住居跡から土器や鋳造鉄斧・小札など外来系の遺物が多数出土している。鉄器を作る方法には、溶解した原料を鋳型に流し込んで作る鋳造と、叩いて形を作る鍛造とがある。この鋳造製の鉄斧は中国北部で戦国時代に栄えた燕に由来する。大成遺跡の前期は楽浪郡設置以前に遡るとの見方もあり、衛氏朝鮮時代における中国との交流を示す可能性がある。こうした紀元前二世紀に遡る中国系文物の流入の痕跡は、朝鮮半島中部・南部に点々とみられる。

楽浪と三韓諸勢力との本格的なつながりは、紀元前一世紀、楽浪郡が他郡の一部を吸収し、活動がさらに活発化した時期に顕著となる。

半島中部では楽浪系の土器や鍛造鉄器が出土する遺跡がある。京畿道加平郡達田里二号墓は木槨墓で、珍しい鉄製の戟のほか鍛造鉄斧、楽浪系の土器などが出土した。墓の形式や副葬品が楽浪漢墓と似ていることが注目されている。

不思議なことに中国製器物の出土がめだつのは、やや離れたところとなる南東部地域である。『三国志』東夷伝で辰韓、弁韓とされる地域だ。銅鏡や貨幣など各種の漢の文物を副葬した墳墓が紀元前一世紀後半に登場する。星州郡礼山里三一号墓、永川市龍田里遺跡、慶州市朝陽洞三八号墓、密陽市校洞三・一七号墓、昌原市茶戸里一号墓などである。墓の形式は木棺を主体とした在地の墓制であるが、一方で漢式器物を副葬品に多くふくむ。

おもしろいのは龍田里遺跡の木棺墓で出土した青銅製の弩機部品である【図2-5】。弩とは引き金をそなえた強力な弓で、威力が強いために漢の領域外には禁輸されていたという。楽浪郡からの流出品だろうか。ただし、この地で武器として使用されたのではなく、珍しい器物という点に価値があったのだろう。

さらに興味深いのは茶戸里一号墓だ【図2-6】。丸木を刳りぬいて作られた木棺を用いた墓であり、中国鏡、五銖銭、青銅帯鉤、馬鐸など漢の文物が豊富に副葬されていた。とりわけ注目されたのは筆および分銅とみられる銅環である。筆を使って文字を記し、行政・経済的な処理をおこなう官吏的な人物が半島南部に存在したことを物語る。楽浪からはかなり離れた場所となるが、郡と直接的なつながりがあったのだろう。文字使用や行政などの知識・技術も一定程度、朝鮮半島南部まで伝わっていたことになる。

これらの墓は、いわゆる集団墓の中にある。周囲には同じ形式の木棺墓が多数存在する。倭の楯築墓や前方後円墳のように、他とは別の独立した場所に葬られたのではない。大きな墳丘があるわけでもないので、他の成員の墓との間に決定的な差は認めにくい。

しかし副葬品の内容においては明らかに大きな格差が生じており、地域集団の中の有力者の出現を物語る。彼らは有力者であるからこそ、コネクションによって貴重な器物を獲

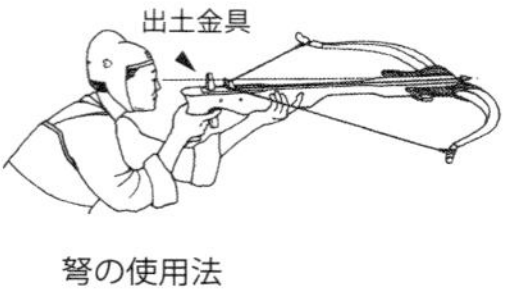

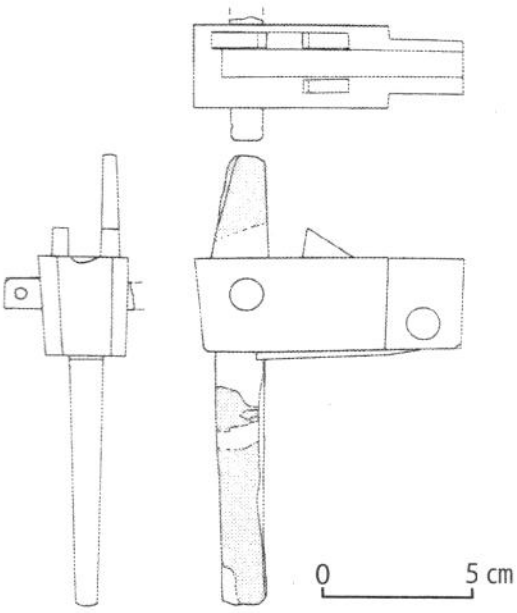

図 2-5　朝鮮半島南部出土の弩
韓国永川市龍田里遺跡

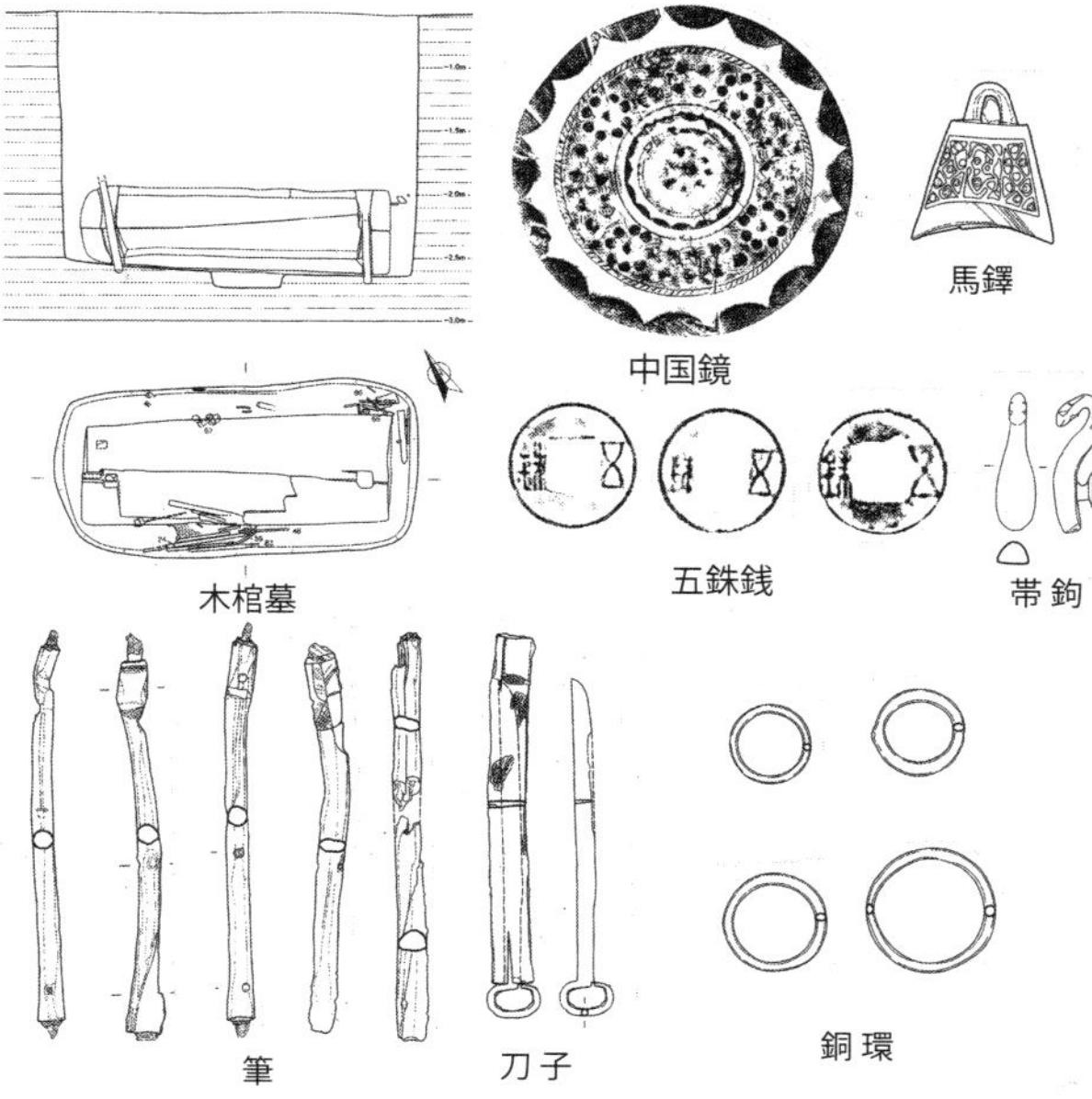

図 2-6　茶戸里 1 号墓の出土品　韓国昌原市

得できたともいえるし、逆にそうして得た器物を利用し、集団における個人の権威を高めたとみることもできる。集団の中での身分の差はそれ以前の青銅器時代から発生していたようだが、この段階において、外部との関係による社会の階層化がより一層進展したとみられる。

また価値の高い漢式器物とともに、武器や馬具など楽浪の在地製品ももたらされ、先にあげた上位層以外の墓からも幅広く出土する。楽浪での階層のちがいが、朝鮮半島南部の社会にも投影していった。

†楽浪と倭

この紀元前一世紀後半には、弥生時代中期にあたる倭でも中国製の器物が多数出土するようになる。

漢の文物がまとまって出土するのは、九州北部の墳墓であり、とくに甕棺を採用した墓に集中する。図抜けて目立つのは銅鏡だ。奴国の地、春日市須玖岡本遺跡D地点の甕棺墓【本章扉写真】、伊都国の中心地にある糸島市三雲南小路一号甕棺墓【図2-7】には、三〇面を越える、びっくりするほど多数の中国鏡が副葬されていた。三雲南小路一号墓からはガラス璧という装飾品や金銅製四葉座金具、須玖岡本遺跡D地点墓からもガラス璧などき

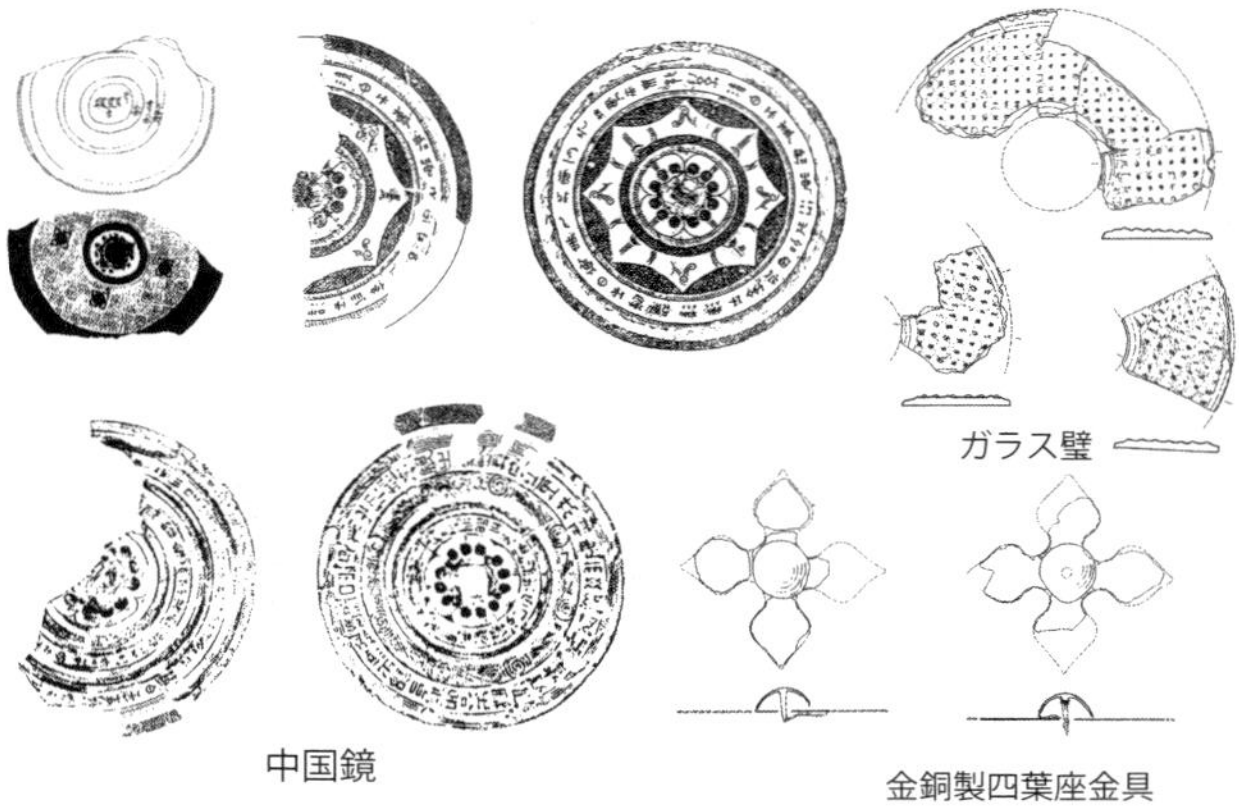

図 2-7　三雲南小路 1 号墓出土品　福岡県糸島市

わめて希少な漢式器物が出土しており、他の墳墓からも一等抜きんでた内容をもつ。

墳墓以外でも、福岡市志賀島から出土した「漢委奴国王」の金印は、九州北部の諸勢力と中国王朝との関係を物語る代表的な資料だ。中国の文献ではこの時期の地域勢力は「国」と呼ばれ、朝貢により、その長は「王」と認定されていた。

先の三雲南小路一号墓や須玖岡本遺跡D地点墓から出土した中国鏡については、興味深い説がある。その中には直径二〇センチメートルを越える大型鏡が含まれている。そうした大型鏡は、中国では王侯やその一族クラスの墓に副葬される特別製品であったという。とすれば、それらの大型鏡は、漢王朝から倭の「王」に直接に下賜されたのではないかというのだ（岡村秀典さん）。

三雲南小路一号墓から出土した金銅製四葉座金具やガラス璧といった中国製品も楽浪漢墓での出土例が確認できず、中国の生産地からの直接入手かもしれない。ガラス璧は中国南部の湖南省周辺に分布が集中しており、南方の製品らしい。楽浪経由とは別ルートによる到来品の可能性がある。また銅剣・銅戈・銅矛など朝鮮半島製品や倭の製品も含まれており、副葬器物の由来は多岐にわたる。

同じ頃に漢の器物の流入が始まったのであるが、倭の墳墓と朝鮮半島の墳墓とではちがいもある。銅鏡は、九州北部の出土数が朝鮮半島南部に比べて圧倒的に多い。朝陽洞三八号墓のように四面の銅鏡を納めていた例もあるが、朝鮮半島の墓では一面の副葬が基本で、九州北部のように数十面も出土する例はない。また先の須玖岡本遺跡D地点墓のような大型鏡の出土はみられない。

楽浪郡とのつながりが生じた初期のころは、朝鮮半島南部でも倭でも、銅鏡を貴重視するという共通の風習があった。しかし朝鮮半島ではこの銅鏡を特別扱いする風習はやがて廃れ、倭では継続・拡大していった。共通の機会に中国系の器物と接しながら、嗜好性は異なる方向に進行したのであった。

銅鏡以外でも楽浪との恒常的なつながりを示す考古資料が、九州北部を中心に出土している。倭でも西日本の各地で、楽浪ないし楽浪系の土器がみつかっている。「伊都国」の糸島地域での出土の多いことが注目される。三雲遺跡ほかの遺跡から、各器種の楽浪土器がまとまって出土した。隣の早良平野でも出土しているが、これらの地域以外では量が少ない。魏志倭人伝の伊都国に関する「郡使往来し常にとどまるところ」という記載を彷彿とさせ、この地が楽浪や朝鮮半島との交易において特別な役割を果たしていたことを示す。九州北部の「国」の間でも、渦巻の大きさや海外とのつながりにちがいが生じていたのだ。

†海洋交易と広域流通

楽浪郡、朝鮮半島中・南部、倭を結ぶ交易においては、海が大きな役割を果たした。三韓時代の朝鮮半島では、西海岸と東海岸の双方で楽浪系の遺物が出土する。

朝鮮半島南岸の島に位置する泗川市勒島遺跡は、大変おもしろい遺跡だ。四六ヘクタールほどの小さな島であるが、楽浪土器、半両銭・貨泉・五銖銭・大泉五十といった中国貨幣、銅鏃など中国系の器物が出土した。また弥生中期〜後期の九州北部の土器も大量に発掘された。単にこの拠点を通じて物品が倭に流れたのではなく、この地に倭人が訪れて交易をおこなっていたことがわかる。楽浪からの器物の流れと倭を結ぶ結節点のひとつだ。

ただし紀元後一世紀後半以降、交易の中心は金海地方に移ったようだ。

金海地方も倭との交流が濃密にみられる地域である。金海会峴里貝塚はその中心となる遺跡であり、弥生土器が多数出土している。九州北部の土器が中心だが、近年その中に近江系土器のあることが確認された。九州だけでなく、倭の各地からも器物、あるいは人が到来していたのであろうか。また周辺では、中広形・広形銅矛など九州北部産の青銅祭器、あるいは小型の鏡なども出土している。土器のような日常物品だけでなく、祭器など各種器物も交易されていた。

さらに朝鮮半島と倭とを結ぶ交易の中継地となる遺跡が調査されている。壱岐島にある原ノ辻遺跡である。大規模な環濠集落で、船着場遺構もみつかった。中国鏡や鉄器など外来の器物が出土した。漢の器物だけでなく、朝鮮半島南部の土器や鉄器もあり、楽浪—韓—倭を結ぶ交易中継地であった。魏志倭人伝で一支国とされた「国」の実態を示す遺跡としても重要であるが、「南北に市糴す」と記されているように海上交易の拠点であったことが裏付けられた。

対馬は壱岐と比べて平地が少ないものの、朝鮮半島に近い交流拠点であった。注目されるのは、九州北部産の中広形・広形銅矛が大量に出土している点だ。これらは海上交易に関わる祭祀に使用されたものとも考えられている。

こうした海峡を往来する交易の担い手として、海村の果たした役割が注目されている（武末純一さん）。対馬・壱岐や九州北部で、漁業を中心的な生業としたムラの遺跡から、楽浪や韓の土器が出土している。興味深いのは、内陸部の大集落より、こうした海辺の遺跡からの中国貨幣出土がめだつ点だ。海村では恒常的に船が使用されていたわけであり、船を使った日常的な往来がこうした活発な交易を支えたのであろう。

日本では紀元前一世紀、弥生時代中期から準構造船という形式の船の存在が確認される。この時代は釘がないため、板材を組み合わせて船体を構成することはできなかった。そこで下部には丸木を刳りぬいた船体を用い、上部に舷側板などを載せて作られたのが準構造船である。単なる丸木舟より一定量の人や積載物を安定的に運ぶことができる。原ノ辻遺跡でみつかった船着場は、そうしたやや大型の船のための接岸施設であろう。時代は降って五世紀の例であるが、韓国・金海市官洞里遺跡では木造の桟橋が発見されている。

海だけでなく、もちろん河川や陸路も利用されたはずである。朝鮮半島南東部に中国系文物の出土が豊富な理由として、洛東江・漢江を利用した朝鮮半島の中心軸を通るルートの重要性が強調されている。このルート沿いに現在も大都市が並んでおり、歴史的にも重要な役割を占めてきた。

海の利用は、地域の枠組みを越えたつながりを可能にした。次にみるようにガラス玉や銅鏡など各種の製品が、遠隔地間でさまざまに交易されるようになる。

2　多様な交易——紀元前一世紀〜紀元後二世紀

†ガラス玉の道

東アジアの枠を越えた地域間の壮大な交流を示す考古資料として、近年注目されているのはガラス製品だ【図2-8】。古代日本の遺跡から出土したガラス製品は、材料に色々な種類がある。基礎となる成分のちがいから、鉛ガラス、カリガラス、ソーダガラスに大別される。さらに融剤や着色剤など追加された物質のちがいもふくめて細かく分類されている。

古代東アジアでは、ガラスは玉類などの装身具や容器に利用された。玉類のなかでもっとも出土数が多いのは、考古学では「小玉」と呼んでいるビーズだ。小玉を作るためにはガラス管を製作し、それを切断した後に加工して球形に整えて玉に仕上げる。このガラス管をつくり出す方法として、特殊な鉄製の棒状器具を用いて引き伸ばす「引き伸ばし技法」がある。また棒に巻きつける「巻き付け技法」もある。

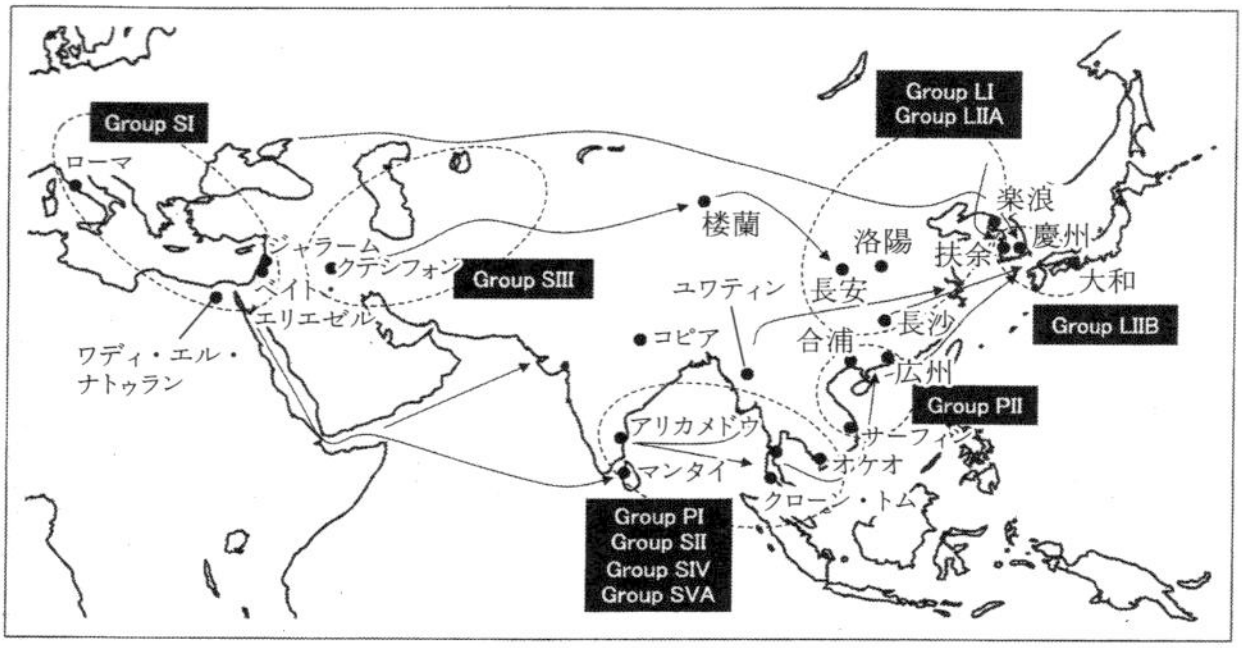

図 2-8　ガラスの種類と流通［Oga & Tamura 2013, 一部改変］

引き伸ばし技法によるガラス小玉製作は、紀元前四～三世紀、アリカメドゥ遺跡などインドで始まった。この地域から東南アジア各地に生産が広まったものと考えられている。製品の分布から「インド・パシフィックビーズ」と呼ばれる。命名からもわかるように、海上ルートによって広まった製品と考えられている。この技法で作られたガラス小玉は早くに倭にもたらされ、弥生時代前期末の九州北部の遺跡から出土している。

　倭では、時期や地域により、ガラス玉の種類が複雑に変化することが確かめられている。ガラス製品が登場するのは弥生時代前期末のことで、当初から鉛ガラスとカリガラスの二者がある。この鉛ガラスの方は中国に起源があり、出土地は九州北部に限定される。佐賀県吉野ヶ里遺跡出土の大型の管玉（鉛バリウムガラス）のように、中国東北部に生産地が推定され、朝鮮半島西海岸を経由して九州北部に持ち込まれたと想定されるものもある。

紀元前一世紀後半（弥生時代中期後半）以降、種類が変化するとともに量も増える。興味深いのは、倭の中で、流通したガラス玉の種類にちがいがある点だ。鉛ガラス製管玉は引き続き九州北部に分布が限定されるのに対し、近畿周辺や瀬戸内海地方では、銅で着色したカリガラス小玉が流通するようになっており、九州を介さない独自の入手ルートが成立していたらしい。さらに紀元後一世紀以降（弥生時代後期）には、カリガラス小玉の流通量が激増すると同時に、丹後半島や豊岡盆地など近畿地方北部に新たな核となる地域が出現する。これらの地域は独自の入手ルートを開拓していたものと考えられる。二世紀には関東地方も独自にガラス小玉を獲得していたようだ。なお、こうしたガラス製品を融解し、勾玉など倭独自の製品も作られていた。

これらのガラス小玉類は東夷世界では自作できず、海外からもたらされたものであることは間違いないが、そのルートが問題だ。引き伸ばし技法で製作されたカリガラスの小玉、インド・パシフィックビーズはインドから東南アジア、中国の江南地域以南の沿岸部に分布する。生産地もこの地域のどこかと推定される。一方、長江以北の中国では出土例が希薄であり、南方から海路を用いて直接倭にもたらされた可能性が高い。ただし楽浪からは、先述のように漆器や銅鏡のように四川や江南など遠方からの製品も出土している。ガラス小玉に関しても、楽浪が朝鮮半島南部や倭への仲介地となった可能性も否定はできない。中央アジアや地中海沿岸地域など、西方産と想定される種類のガラス玉も出土している。いずれにしても東アジア世界を越えた広範な製品の交易が存在した。今後の研究の進展が楽しみな分野だ。

†鏡の道

東夷世界の遺跡から出土する漢の製品の中で、もっともめだつのは銅鏡である。紀元前一世紀以降、倭には驚くべき量の多種多様な銅鏡がもたらされた。九州北部の有力者の墓では、ときに三〇面をこえる数の鏡が副葬されている。倭で銅鏡が貴重視されたのは、呪術的な役割が求められたからであろう。銅鏡重視の風習は古墳時代の終末に至るまで五〇〇年以上にわたって続いた。

楽浪郡を主な経由地とした中国鏡の流入は、紀元前一世紀以降、波はあるものの、継続してゆく。とくに二世紀後半〜三世紀にかけては、中国の徐州地域で製作された銅鏡が大量に輸入される。徐州は山東省南西部から江蘇省北部にあたる地域であり、後漢代の銅鏡生産の中心地のひとつであった。

この鏡群は楽浪漢墓でも数多く出土しており、徐州―楽浪―倭という「鏡の道」が明確にわかる例だ【図2-9】。おもしろいことに、徐州鏡の中でも飛禽文鏡や上方作系獣帯鏡と呼ばれる種類の鏡は、製作地周辺以外の中国での出土数が少なく、楽浪と倭では大量に出土している。中国各地に広まったのではなく、いわば東方向けの製品とでも評されるような分布状況を示す。まったくの想像であるが、徐州の製作工人は、自製品の得意先が楽浪や倭など東方世界にあることを承知していたのではないか。

先にも触れたように、少数ではあるが四川の鏡が楽浪漢墓と倭で出土している。倭では丹後や但馬など日本海側に出土例がめだつ。銅鏡大量出土地の九州北部では確認されていない。先のガラス小玉の流入地と同じ地域だ。ガラス小玉と同様、これらの地域の有力者が海洋交易を通じて直接に入手したのだろうか。

二世紀に江南で作られた画像鏡は倭では出土数が少なく、完形品は丹後の岩滝丸山古墳から一例が出土しているのみだ。江南の画像鏡は楽浪など中間地域での出土例がない。これも中国南方から直接倭に流入したとでも考えざるをえない状況だ。中国各地から、楽浪経由、あるいは直接に倭へと向かう、さまざまな「鏡の道」があったと想像しておこう。

†韓の鉄

東夷世界の交易の核となったのは鉄である。ガラス玉や銅鏡とは異なり、生産や戦闘な

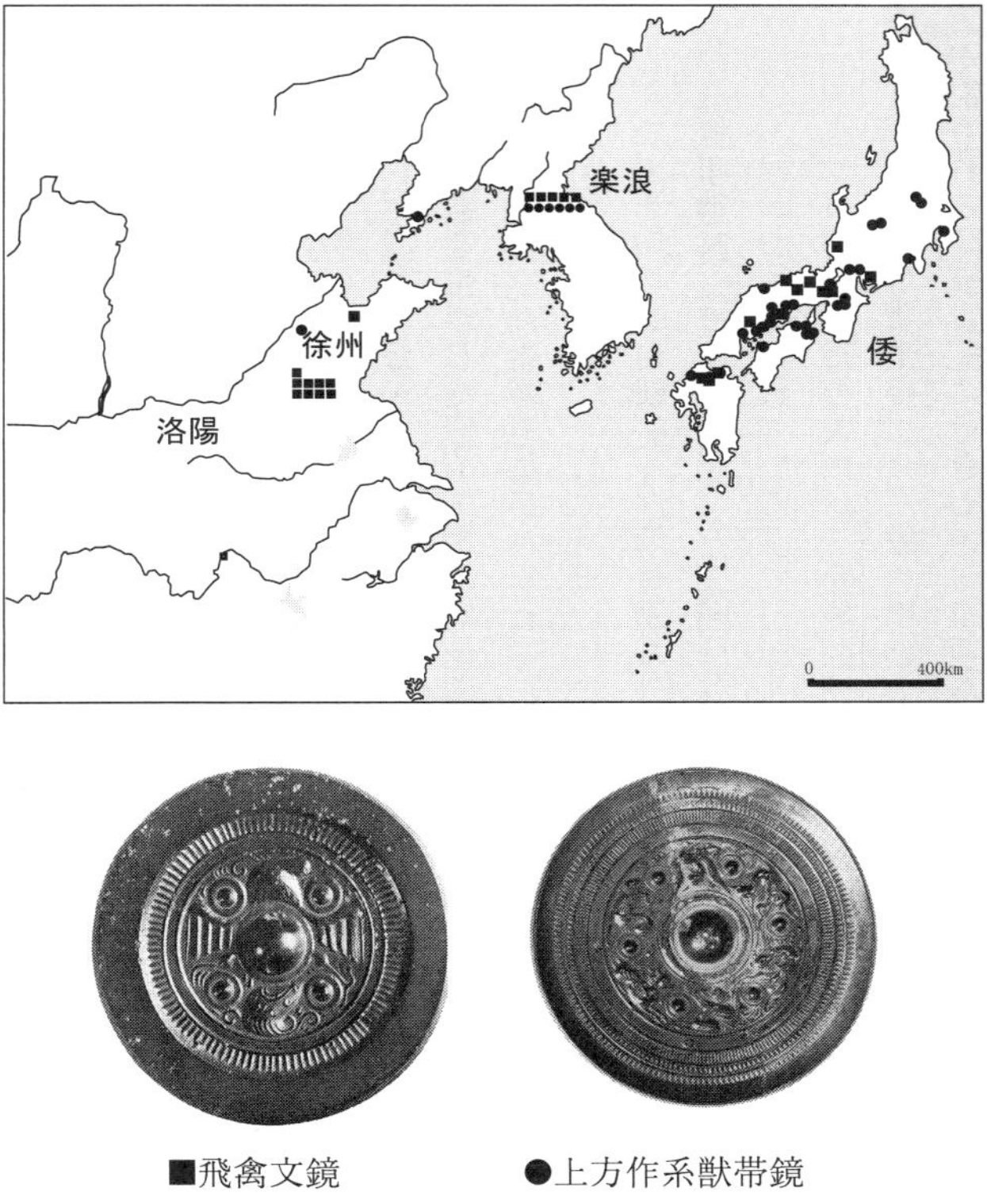

図 2-9　徐州鏡とその分布

どの器具に用いる、実用面で価値の高い素材だ。

鉄の普及には三つの段階がある。まずは他の地域で作られた鉄製品を使用するだけの「鉄器使用の段階」。次に鍛冶技術などが導入され、自ら製品を作りはじめる「鉄器生産の段階」。最後が鉱石などを用いて自前で原料も加工する「製鉄の段階」だ。

朝鮮半島南部では、紀元前二世紀ころには鉄器が流入し始め、鉄器使用の段階に入る。その淵源は、戦国時代に中国東北部にあった燕の国に由来するらしい。楽浪郡設置以降、紀元前一世紀段階ではかなり鉄器が普及しており、副葬品としても多数出土する。

一方、鉄器を生産した鍛冶工房は紀元前の例もいくつか確認されているが、紀元後一世紀以降に本格化した生産遺跡がみられる。有名なのは慶州市の隍城洞遺跡だ。紀元後一世紀には鍛冶工房があり、さらに三世紀には大規模な工房群がつくられている。工房のほかに、斧などを鋳造した鋳型や溶解炉がみつかった。一方、馬韓の領域にあたる忠清北道鎮川郡石帳里遺跡（三〜五世紀）の段階になると、製鉄、鋳造、精錬、鍛冶など鉄に関わる各種の工程がおこなわれている。

『三国志』東夷伝の韓の条には、弁韓は鉄を産出し、韓、濊、倭のひとびとが採取していたこと、売買にも貨幣のように鉄を用いていたこと、楽浪郡と帯方郡にも供出していたことが記される。三世紀にはきわめて重要な産物として、東夷世界や楽浪・帯方をもふくめた地域の交易品となっていた。

鉄器生産がさかんであったことは確かだが、その技術差は大きかった（村上恭通さん）。中国との間ではもちろん、朝鮮半島と倭の間で大きな格差がある。倭では紀元前一世紀、弥生時代中期に九州北部で鉄器生産の段階に入る。しかし朝鮮半島の生産とはちがいも大きく、倭独特の技術にとどまっていた。朝鮮半島側で技術の流出が厳しく管理されたためとも推測されている。その後、九州から海岸沿いのルートを通って、山陰や西部瀬戸内地域でも鉄器使用が本格化する。それ以東でも鉄器生産はおこなわれてはいるが、西との技術差は大きい。

3　ひとの動き――紀元前一世紀〜紀元後二世紀

†貨幣経済のめばえ

このような東夷世界内や楽浪との活発な交易は、具体的にどのような方法でおこなわれたのだろうか。

東夷の中でも海村間では、貨幣が広く使われていた可能性が主張されるようになった

（武末純一さん）。朝鮮半島南部や倭の九州北部、瀬戸内海、日本海側の弥生時代の遺跡から点々と中国貨幣が出土している【図2-10】。貨幣も本来の使用目的から離れた貴重品として流通する場合があり、数量は決して多くはないので、売買に使用されたものとは即断できないとの意見もある。

しかし、遺跡から普通に出土するのは偶然にとり残されたものと理解され、出土数以上に豊富に流通していた可能性を考えておく必要がある。数十枚の中国貨幣がまとまって出土した例も、仁川市雲北洞遺跡、麗水市巨文島や山口県宇部市沖ノ山遺跡、岡山市高塚遺跡ほか日韓の双方で発見されている。雲北洞遺跡では住居跡から、紐でくくられた状態で出土している。沖ノ山遺跡例は朝鮮半島製の土器に納められていたものであった。まとまった形で貨幣が流通していたことがわかる。

海浜部のムラから出土している例は、海洋交易で貨幣が用いられていた可能性を示す。東夷世界の地域間交易そして楽浪との交易でも、貨幣は一定程度使用されていたのではないだろうか。

中国の漢代は貨幣経済が成熟した時代だ。たとえば銅鏡も基本的に買うものであり、銘文中にも売買に関わる語句がある（この鏡を買った者は出世する、金持ちになる、子孫が繁栄する、など）。楽浪で銅鏡を入手する場合も、基本的には貨幣が必要であっただろう。

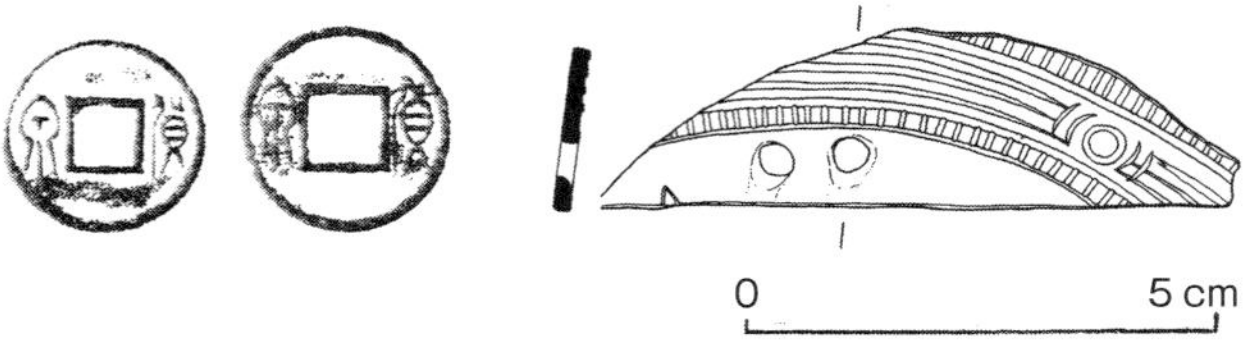

図 2-10　倭出土の中国貨幣と鏡片　左：貨泉　八尾市亀井遺跡　右：鏡片　大阪市瓜破北遺跡　貨泉は王奔の時に新造された貨幣。鏡片は孔が2つ空けられ、ペンダント風に加工されている。

とすれば、その価格はどれくらいのものであったろうか。紀元後一世紀代の例であるが、永平七年銘の内行花文鏡という形式の鏡の銘に「竟直（鏡値）三百」という価格表示がある。物価は時期による変動が大きいので、あくまで参考例ではあるが、三百銭は当時の価格では粟一〇斛（約二〇〇リットル）にあたるという。倭での銅鏡の珍重ぶりを考えると、私には資料に対する思い入れがあるせいか、「安い」感じがするのであるが……。

楽浪で多数出土している漆器類は、それより高価なものであったらしい。価格のつかない宮廷用超高級品も多いが、漆盤の中に、先の鏡と同じ年代で、「千二百銭」と解することのできる銘がある。約四倍だ。楽浪より南では、中国製の漆器の出土は確認されていない。このあたりに東夷の「財力」で購入できる器物の価格ラインがあったのかもしれない。

古代中国の都市に設けられた市場は、特定の場所に限定して店舗が集められ、同種の物品を売る店が連なっていたという。各地からもたらされた各種の銅鏡が陳列され、倭人が財布と相談しながら見つくろっている姿を想像（空想）すると楽しい。

交易の際に、重量を計測することもおこなわれていたようだ。八尾市亀井遺跡の弥生時代前期末の穴から出土した一一点の石製品が、計量に用いられた分銅であったことが判明して話題を呼んだ。丁寧に研磨された石製品で、重量にちがいがあり、その差に規則性がある。これを国内最古の出土例とし、原の辻遺跡や鳥取市青谷上寺地遺跡、韓国の勒島遺跡などで、石製や青銅製の分銅らしい製品が出土している。いずれも交易の中心地と考えられる遺跡であり、重さを正確に計ることが必要な交換があったことを示す。

ただし「財力」の限界に関わるのだろうか、まともな形をなさない漢の器物が朝鮮半島南東部や倭では出土している。山口県下関市地蔵堂遺跡の墓、蔚山市校洞里一号墓、星州郡礼山里三一号墓には、「蓋弓帽」という馬車の傘の一部品が副葬されていた。傘骨の先端に嵌められたキャップである。地蔵堂遺跡の蓋弓帽は金メッキが施され花飾りも付いた美麗なものだが、これだけでは実用の役には立たない。部品の一部のみを入手し、装飾品として珍重したものだろう。

また倭では、鏡片の出土例がきわめて多い点もその特徴だ【図2-10】。完形品を分割して流通させたもののほか、破片として輸入されたものもあったのかもしれない。数は少ないが朝鮮半島でも鏡片のほか、慶山市林堂E五八号墓などで鏡片を加工した円板を蓋にした筒形の用途不明品が出土している【図2-11】。東夷世界では、漢の文物は、部品や断片であっても入手すべき価値があったようだ。とりわけ銅鏡は呪術的な力をもつ器物として、分割した破片でも所持することに意味があったのだろう。こうした鏡の破片を珍重する例は中央アジアでもあり、中国の周辺世界で共通する風習とみることもできる。

製品だけでなく、各種の素材も交易された。鉄以外の鉱物では、楯築墓で出土した多量の朱が中国産を多くふくむという分析結果が出ている。また倭で作られた青銅器の原料となる銅も中国産であった可能性が高い。佐賀県吉野ヶ里遺跡で出土した錫塊も青銅器の原料と考えられるが、楽浪郡を通じてもたらされたものだろうか。これらも購入される物品であった（難波洋三さん）。

†東夷世界の経済圏

韓人や倭人は、こうした器物や材料を入手する対価として、農水産物、織物、その他特産品を楽浪の市場に持ちこんだはずだ。考古資料として確認はできないものの、朝鮮半島北部の冷涼な自然条件を考慮するなら、農水産物もかなり歓迎される物品であったと想像できる（ただし魚には楽浪の名産があったらしい）。織物や布のうち、高級品は中国本土の特産品としても、東夷の生産品に対する需要もあっただろう。

もうひとつ倭からの交換商品として想定されるのは塩だ。弥生時代から古墳時代にかけて、製塩遺跡が瀬戸内海に面した地域を中心にして発達する。海水を利用し、最終的には土器で煮詰めて塩を作りだした。中国では四川や山東などで製塩業がおこなわれていたが、浜に恵まれた倭の塩は特産品となりうる。

倭からの交易品として、生産物のほかに考慮する必要があるのは「人間」である。よく

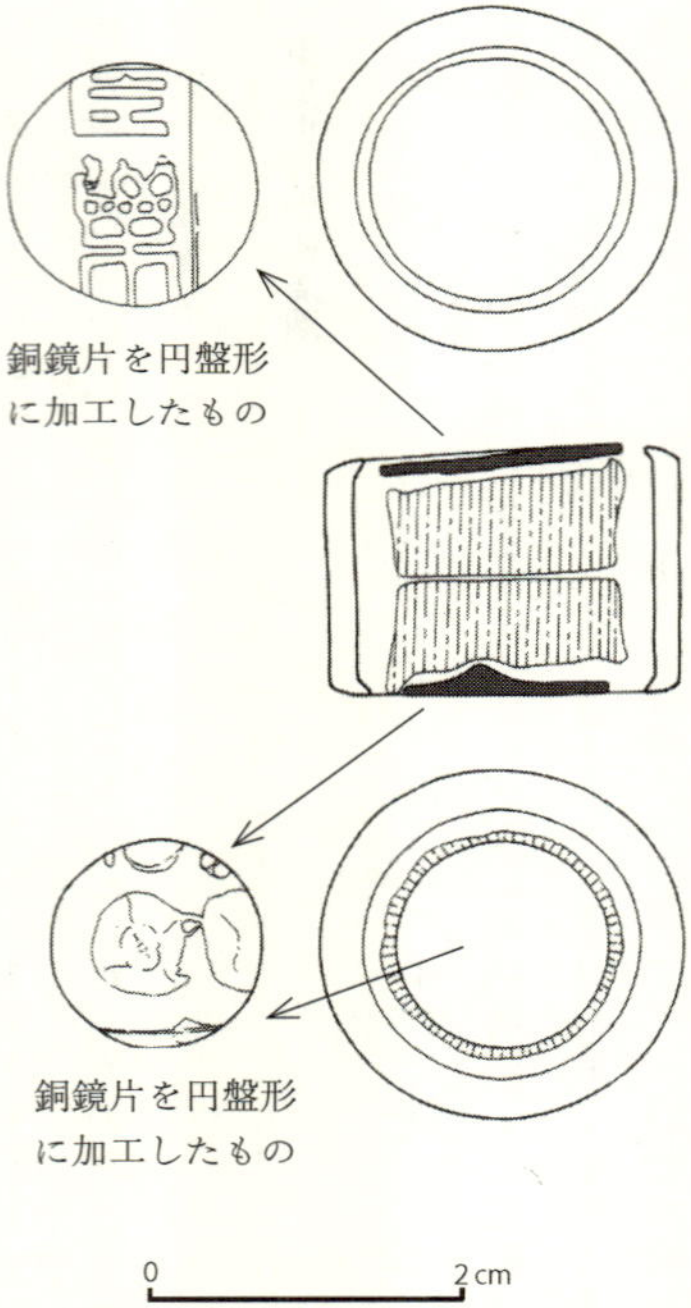

図 2-11　銅鏡の加工品　韓国慶山市林堂 E58 号墓
円筒形の青銅製品の両側に，円盤形に加工した鏡片を蓋としてはめる。用途不明の不思議な製品。

知られているように、魏志倭人伝によれば、倭から魏への朝貢に際し「男生口四人、女生口六人」が献上されている。「生口」については、技術者とみる説、奴隷とみる説などいろいろあるが、ともかく生きた人間を献上することがおこなわれていた。漢代の奴隷の価格は、労働力や技能によっても差があっただろうが、一万五〇〇〇～二万銭ほどもした。銅先の銅鏡に換算すると五〇～一〇〇枚あまりになる。人間は実に高価な商品であった。銅原料などの入手の対価として、弥生時代から生口が用いられた可能性が言われている（難波洋三さん）。

考古資料だけから導きだせることではないが、この時代、楽浪を中心に「辺境貿易圏」が形成されていた可能性を考えてみたい。周辺地域に一方的に器物が流れるのではなく、対価となるさまざまな産物も楽浪に持ちこまれ、交換され、一体となって経済圏をなしていたとみるのである。朝鮮半島南部や倭との器物交流が盛んな紀元前一世紀後半は、楽浪の墳墓がもっとも豊かな内容を示す時期だ。こうした繁栄は、経済の相互依存的な関係において達成されたものとみることもできる。

†ひとの移動

器物の交易だけでなく、人間の移動も重要である。考古学では、ある地域と別の地域との関係をみるとき、物品の交易よりも、ひとの移住の方をより深い「交流」として重視する。とくにひとの移動にともなって新しい技術が移転された場合には、影響が大きい。

文献史料からは、中国から朝鮮半島へ、あるいは朝鮮半島内で、戦乱を避けて亡命、移住したひとびとの存在がわかる。衛氏朝鮮の開祖衛満も燕からの亡命者であった。楽浪郡の設置の際にも、中国本土から官吏や技術者が到来したものとみられている。『三国志』東夷伝には、二世紀後半のころ、韓と濊の力が盛んとなって楽浪郡や配下の県では制御できず、民が多く韓に流入したとある。朝鮮半島内部でも戦乱などによる移動があった。

ただし文献にみられるような大規模なひとの移動は、なかなか考古資料から明らかにはできない。考古学では、ある地域的特徴をもった土器や生活道具などの一式が別の地域の遺跡で出土すると、多人数の移住があったと認めることができるのだが、そうした例は多くない。

直接的なひとの移動を示す例として朝鮮半島中部では、先に触れた大成里遺跡や、大規模な鉄器生産遺構があり、多数の楽浪系の土器も出土した華城市旗安里遺跡が注目される。楽浪から鉄器生産に関わる技術者が移動してきたことも想定される。

倭では福岡県糸島市三雲遺跡で、楽浪土器がまとまって出土している例などに限って、一定数の移動を想定できる。いろいろな器種の土器、とくに食膳具が多く出土したからだ。

外来の土器があるというだけでは、人が到来したのか、物品だけがもたらされたのか区別がむずかしいが、このように各種の土器を揃えている場合は、故郷の土器を携えて倭の地にやってきた楽浪人の姿を考えてもよいだろう。

†相互交流と地域差の拡大

以上のように紀元前一世紀から紀元後二世紀にかけて、楽浪を起点とするさまざまな交易が発展した。「交易」自体は人間の社会にかかせない行為であり、いつの時代にもおこなわれたものである。しかし、ここで取り上げた漢の器物の交易や技術の伝播は、東夷世界各地における社会の変容に影響した。注目すべきは、同様の時期に中国の文化と接触を始めながらも、地域による取り入れ方のちがいも最初から顕著であったことだ。

漢の器物が副葬品に多用されたのは、楽浪郡に近い朝鮮半島中部よりも、南東部や倭の九州北部など、離れた地域の方がめだつ。楽浪から離れるに従い、器物の特殊な意義が増大したのだろう。

朝鮮半島のとくに南東部では、紀元前一世紀、楽浪郡設置以降、有力者の墓の副葬品の差が顕著となる。その墓に納められたのは倭と同じく銅鏡をはじめとする漢の文物であったが、それらは断片や部品であっても珍重された。

その一方、倭では出土例のない青銅製の容器が蔚山市下岱遺跡二三号墓や金海市良洞里三二二号墓から出土している。儀式用として珍重されたのだろうか。先に述べた龍田里遺跡の墓から出土した弩機も倭ではみられない。倭とは異なる品目を取り入れていたことになる。地域内での格差と同時に、地域間でのちがいや差も拡大しつつあった。

もちろん交流が盛んになれば、ただちに地域勢力が発展するというものでもない。農耕の発展にともなう余剰生産物の蓄積と人口増加、内部での分業の進化や階層化、集団同士の闘争など、地域の集団を発展させる基盤は生産力の向上にある。

しかし、集団が「勢力」という渦巻に発展するためには「飛躍」も必要である。外部との接触によって生じた他の勢力との差異は、渦巻をさらに発展させる原動力となる。

4　倭の中の動き――一～二世紀

†紀元後一世紀の変動

楽浪との交渉が成立してから後、紀元前一世紀末～紀元後一世紀（弥生時代中期末～後期前半）には、倭の社会全体に大きな変動があったとされる。

一番大きいのは集落の変化だ。それまでの大型集落が消滅、衰退ないし変容した例が多い。それとは異なる場所の集落が成長し、中心的な役割が交代する。

九州北部では、この地域の独特の墓制であった甕棺墓が衰退し、板石を組み合わせた石棺墓や木棺墓が中心となる。それと同じくして銅鏡の大量副葬も姿を消し、他の墓と区別できるような明確な有力者の墳墓はとぼしい。同様に畿内でも、それまで密集して築かれた方形周溝墓の数が減少してゆく。

その一方、中国製の文物が九州北部より東の地域に本格的に広まるのは、この紀元後一世紀からである。鉄製品も関東まで普及する。

同時期には朝鮮半島南部でも変動が認められ、中国製品の副葬例が減少する。ただし、鉄製品を豊富に副葬した有力者の墳墓自体は継続する。上位階層と楽浪郡とのつながりがいったん弱くなったのかもしれないが、社会の階層化は進行していた。

こうした広範な地域での変化が生じた背景についても、中国との関係を想定する説がある。紀元後一世紀前半には王莽が漢王朝を簒奪して新を樹立し、さまざまな制度改革を実施した。貨泉も新たに制定された貨幣であった。その後に光武帝が新王朝を樹立する。建武中元二（五七）年の倭奴国王の奉献（『後漢書』光武帝紀）、その際に与えられたとする「漢委奴国王」金印などは、新たな王朝との直接的な交渉を示している。

ただし変化が広範囲に及ぶ点からみるなら、地域社会の構造自体の変容にも要因があるのだろう。少なくとも紀元前一世紀に登場した有力者の系譜が、そのまま次の時代につながっていったわけではない。こうした変動の中から、二世紀、各地で支配者の新たな墳墓が発達してゆくのである。

†土器の動き

一〜三世紀にかけて、倭の各地域ではさまざまな物品の交流が活発化する。それまでは九州北部が中心であった漢の器物も、そうした地域間ネットワークを通じ、西日本の各地、近畿地方、そして東国世界へと広まってゆく。

こうした交流は、考古学の時期区分で弥生時代末から古墳時代初頭にかけて、おおよそ二世紀後半〜三世紀前半にあたる時期に、ひとつの頂点を迎える。その様子は土器をめぐる交流の研究成果がもっともよく示している。地域の特色をもった土器が別の地域で出土するという現象が、きわめて広範囲に認められるのだ。第一章でとりあげた大和の纏向遺跡は、そうした各地の土器が集まる中心地であった。

東海地方の土器の移動もその顕著な例である。その特徴をもった土器が、九州北部から関東地方に至る広い地域で出土する。

瀬戸内海地域と九州北部の中での土器の交流も盛んになる。二世紀後半〜三世紀前半に、畿内の土器が九州北部の特定地域に流入し、また地元の土器づくりにも影響を及ぼす。畿内と九州北部の双方向の交流が本格的に始まったことを示す現象として注目される。

こうした土器の「移動」には二つの場合がある。ひとつはある地方で作られた土器そのものが他地域へもたらされた場合。もうひとつは、ある地方の土器の特徴を備えてはいるものの、製作技術やかたちなどにちがいがあり、別の地でその模倣品として作られたものだ。これらの区別が難しい場合もある。しかし、いずれにせよ人びとの広範囲な交易、動きを反映している。

こうした交流においては、新たに成長した各地の大規模集落が拠点となった。九州北部の博多湾沿岸では比恵・那珂遺跡群のほか、博多遺跡群、吉備では津寺遺跡、河内の久宝寺遺跡、伊勢の雲出川遺跡群、三河の鹿乗川遺跡群、そのほか遠江、駿河、信州、房総、越など各地で交易の中心を担ったと考えられる大集落が確認されている。各地の渦巻が連動し、いろいろな物品や情報を伝えるネットワークが形成されていった。

†移住と集落

倭の中で規模の大きな人の移動が想定されている地域もある。

東北地方に展開した弥生時代の集落は、恐ろしいことに一世紀前後の弥生時代中期末、津波によって大打撃を受けたとも考えられている（辻秀人さん）。一〜二世紀（弥生時代後期）には集落も少なく、人口自体が減少していたらしい。ところが二世紀後半〜三世紀前半、弥生時代終末期には北陸地方と共通する土器、竪穴住居などが確認されるようになる。日本海側から多くのひとびとがやってきた。さらに三世紀中ごろ、前方後円墳のはじまりのころ、今度は関東地方の影響が強くみられる。

さらに北側の地域ではこの時期、サハリンのオホーツク文化集団が北海道へ進出し、その影響で続縄文文化の集団が北海道西部から東北北部へと展開する。やがて宮城県北部では、この続縄文文化の集団と古墳を築く集団とが接触地域を形成し、皮革などの交易をおこなうようになる。

関東南部へも集団の移動が想定されている。土器の分析から、一〜二世紀の相模の地では複数の小さな渦巻が展開したが、そのうちの相模湾沿岸地域には東海東部の各所の集団が移住したと考えられている。それは単にひとの移動にとどまらず、前から存在した中部高地からのルートに加え、沿岸ルートが盛んに用いられるようになった。この地域はやがてガラス玉類や鉄器が比較的多く出土するようになる。こうした交易ルートの広がりが関係する。

†さまざまな渦巻

倭の中での複雑な動きからもわかるように、紀元前一世紀以降の各地域における動きのすべてが、楽浪から発信された波動で説明されるわけではない。

中国の文物が早くにもたらされていながら、強い渦巻が形成されなかった地域もある。沖縄では、戦国時代の燕に由来する明刀銭とよばれる貨幣や土器が出土している。中国の遼東地域あたりからもたらされたらしい。ただし、それらが沖縄での集団の進化、有力者の出現につながった形跡はない。外来の珍奇な器物の到来が、ただちに社会の変容に結びつくわけではもちろんない。

漢鏡を珍重したのは倭の特色であることを触れてきたが、一〜二世紀では貴重視した器物に関しては多様である。楯築墓のほか、出雲や丹後の墓では希少な種類のガラス玉が貴重視された。また鉄の武器類も有力者の墓から出土している。

朝鮮半島各地での器物の受容の差違についても先に触れたとおりで、渦巻の規模、地理的条件などもさることながら、受容する側の嗜好性のちがいも作用した。この時代、各地の渦巻が成長しつつも、それぞれのちがいも明確であった。

5　交流の変容——三〜四世紀

†三世紀の銅鏡と玉

楽浪を核とした東夷世界の交流は、三世紀中ごろに画期を迎える。公孫氏が滅亡し、魏晋王朝が東夷世界に進出した時期だ。

交易の変化のわかりやすい例は銅鏡だ。先にも触れたように、二世紀後半〜三世紀はじめにかけて、徐州の銅鏡が楽浪を通じて倭に大量にもたらされていた。生産地—仲介地—入手地が、かなり緊密に結びついた生産・流通関係を構築した。また神獣鏡のように畿内が中心になって入手した鏡群と、東日本に至る幅広い地域に流入した鏡群とがあり、鏡の種類によって入手主体が異なる場合もあった。

三世紀中ごろには、中国の銅鏡生産自体にも変動が生じ、徐州の銅鏡は姿を消す。三国時代の新たな生産系統が誕生し、それまでとは異なる特徴をもった銅鏡が各地で作られた。北方の魏の領域では、文様が平板（平彫）な鏡が流行する。漢鏡の図柄を模倣したものが多い【図2-12】。南方の呉では、浮彫式の神獣鏡が中心となる。どちらも漢代の鏡と比べると、文様の精緻さという点で劣り、鋳造技術や研磨などに省略がめだつ。

この魏晋代の鏡は継続して倭にもたらされているが、分布は散在的で、中心となる地域は認めにくい。朝鮮半島南部や、九州北部、日本海側の地域での出土が目につく。楽浪での出土例のないことが特徴であり、それまでとは別ルートで倭にもたらされたと考えられる。呉の鏡は兵庫県と山梨県で紀年鏡が出土している。きわめて少数だが、南方からの流入も続いていた。呉鏡についても楽浪での出土は確認されていない。

倭をめぐるガラス小玉類の流通においても、三世紀中ごろに変化があった。弥生時代に各種の経路から流入したガラス小玉類の多くが姿を消し、種類が限定される。それらの流通の中心は畿内にあったようだ。銅着色のカリガラス、四世紀には銅着色で高アルミナソーダガラスの小玉が主体となる。これらのガラス小玉も外来品だが、まだその生産地や交易ルートはわかっていない。

三世紀、楽浪郡はその役割が低下し、二世紀後半に公孫氏によって設立された帯方郡が、東夷世界を支配する拠点となった。銅鏡の流通経路の変化は、そうした仲介地の変化に関わる可能性がある。帯方郡は中心が黄海南道にあったと考えられるが、その遺跡に関してはほとんど調査が進んでいない。考古学的な資料は乏しい。

楽浪・帯方郡は四世紀前半、高句麗の支配下に入る。中国からの器物の到来も続くが、

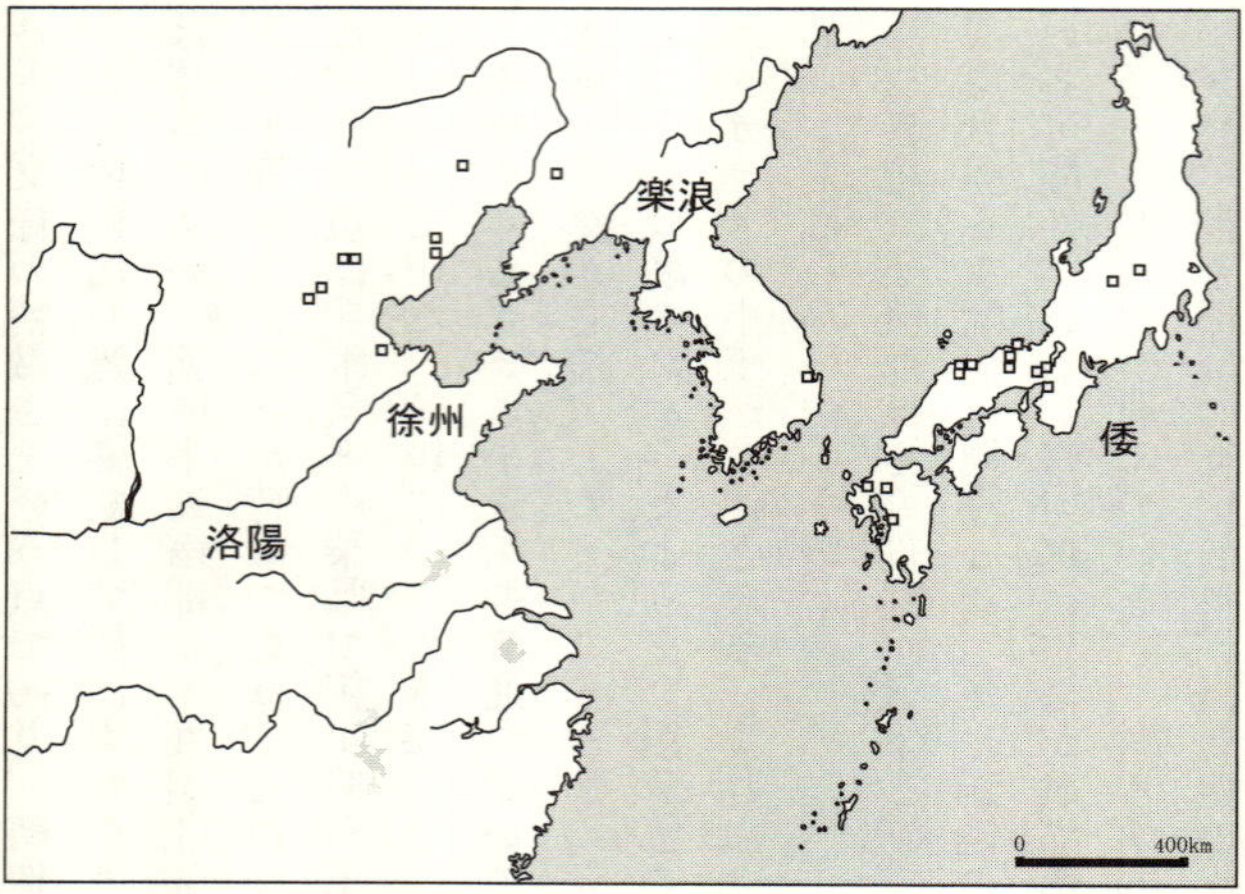

□魏晋規矩鏡・関連鏡

図 2-12　魏晋鏡の分布

朝鮮半島の諸勢力と倭を中心にした交易が中心の時代をむかえる。なお三世紀以降、中国貨幣の出土は激減する。弥生時代に一大交易拠点として繁栄した壱岐・原ノ辻遺跡も三〜四世紀に衰退する。紀元前一世紀〜紀元後一世紀に想定した東夷世界の貨幣による経済圏は解体したのであろうか。

†三角縁神獣鏡の問題

三世紀中ごろの中国との関係変化を考える上で、避けて通れないのが三角縁神獣鏡の問題だ。卑弥呼の朝貢に対して魏から与えられた「銅鏡百枚」にあたるかどうかをめぐって大きな議論を呼んでいる。「景初三年」「正始元年」という卑弥呼の朝貢と一致する年号を記した紀年鏡が存在する。一方、「景初四年」という実在しない年号を記したものもある。中国鏡の特徴を備えながら、中国での確実な出土例が確認できないなど問題は複雑だ。

その一方、三角縁神獣鏡は前方後円墳への「飛躍」とともに大量に副葬されるようになったのであり、畿内に分布の中心があることも明らかである。「飛躍」の評価には欠かせない。

製作地に関しては、魏鏡説と倭製説とに、研究者の間でも意見は二分されている状態だ。これに関する研究も膨大すぎて付いてゆくのも大変である。研究史をまとめた分厚い事典も出ているので参照されたい（下垣仁志著『三角縁神獣鏡研究事典』）。この小著で簡単に取り扱えるような議論ではない。

ただし論点を整理してゆくと、製作地問題はともかく、三角縁神獣鏡自体の性格評価については一致する点が多いことに気づく。まず中国の工人が製作したものであり、文様、銘文、製作技法が中国鏡の系統をひくものであることは確実である。以前には銅鐸などの倭の在来製作工人との関連を考える意見もあったが、原料や技術、文様表現の方法などがちがいすぎ、両者を結び付ける根拠はない。

そして確実な中国鏡と比較してゆくと、生産系統としては魏鏡と関係がきわめて深いこともまちがいない。鈕孔形態や文様・銘文の細部の特徴が魏の紀年鏡と一致する（福永伸哉さん）。また先に紹介した徐州の鏡の図像や銘文も継承しているようだ。

問題は、そうした中国鏡の特徴を備えているのにもかかわらず、中国では発掘例が確認されていないことである。近年、中国での出土品ではないかとされる三角縁神獣鏡が紹介されたが、問題は大きいだけに、確実な発掘品が欲しいところだ。

魏鏡説では、中国で出土しない理由を倭向けに特別に製作されたからだと説明する（特鋳説）。「特鋳」というほどではないが、徐州の鏡のように倭などの東方にむけて銅鏡を生産・流通させていた場合もある。ただし三世紀中ごろ以降、三角縁神獣鏡のように大型の銅鏡が中国で生産されていた形跡が今のところ認められていない点がむずかしいところだ。三角縁神獣鏡は一定期間継続して作られていたことが分かっている。そうした特殊で孤立的な生産が、倭向けのみにおこなわれ続けたということになる。

倭製説では、中国の鏡製作工人が倭へ渡来して製作したものと説明して、中国鏡の特徴を備えながら中国での出土例がないことの説明をはかる。これを認めるなら、各種の知識をもった多くの工人が前方後円墳出現期にやってきたことになり、「飛躍」にも大きな役割を果たしたことになる。当然、他の銅鏡や青銅器生産、さらに信仰や思想にも大変な影響を及ぼしたはずであるが、そのあたりの説明がほとんどなされていない。なお中国の考古学者王仲殊さんは呉の工人の渡来による倭での製作説を主張したが、その後の銅鏡研究の成果からみるなら、魏を中心とした華北の工人の渡来としなければならない。

いずれにせよ考古学としてはかなり特殊な製作状況の評価がなされているのが現状だ。中国製／倭製といった二者択一的な議論だけでは解決できないように思えるが、前方後円墳の出現という「飛躍」と同時期に登場する三角縁神獣鏡が、単なる交易による到来ではなく、中国との直接的なつながりによってもたらされたことを認める点では一致する。同時期の朝鮮半島南部を越えて「到来」したことも重要だ。具体的な実態を明らかにするためには、さらなる研究の進展が必要だが、三世紀中ごろの倭には、新たな「飛躍」をもたらすインパクトが中国から直接にもたらされたのだ。

紀元前一世紀から始まる希少な器物の流通は、各地の渦巻の発展や関係の変化に大きな影響を及ぼした。流通のかたより、入手者・地域のちがいが社会の階層化や集団間の格差を生む。一方で渦巻の発展の差が、器物の流通の活発化、複雑化をうながしたものともいえる。

「配布」と王権

しかし単に器物の流通・蓄積だけでは、渦巻の決定的な飛躍は生まれない。日本考古学では器物のやりとりに新たな解釈を加え、権力や支配のあり方を見る手法を編み出している。それは中心的な勢力からの希少な器物の「配布」という現象に着目し、そこに支配関係の成立と発達をみるという視点だ。

そうした考え方を生む基礎となったのが三角縁神獣鏡である。三角縁神獣鏡には、ひとつの型から作られた同笵品ないし同型品が多数ある。それらが具体的にどのような技法で作られたのかは不明で、多くの議論を呼んでいるが、同じ型から作られているのだから形や文様は同一になる。

重要なのは、一組の同笵・同型鏡がひとつの古墳から出土するのではなく、日本の広い地域の各古墳から分かれて出土していることだ。同笵・同型鏡が古墳間で「分有」されるという。同笵・同型鏡も本来は一箇所にあったはずだから、それらが広く分有されたのは、中心が地域へと分け与えたからだと説明できる。そして分布、出土量からみても三角縁神獣鏡の中心は大和にあり、そこから全国へ配布されたのだと言える。三角縁神獣鏡＝「銅鏡百枚」説に従えば、中国王朝から下賜されたもっとも貴重な銅鏡となるのであり、その分配が単に与えるだけのものであったはずがない。分与された側からの見返りが当然あっただろう。それは地域の首長が大和の王権に服属することであったと想定された。京都大学の小林行雄さんによって打ち立てられた「同笵鏡論」である。

この説は、考古学から支配の仕組みを説明する論として、弥生・古墳時代の研究においてきわめて重要な位置を占めることとなった。三角縁神獣鏡に限らず、古墳に副葬された石製の宝器、鉄製武具なども大和の王権から各地に配布され、同様の機能を果たしたものと説明されている。器物の配布は、古墳時代の支配構造を考古学から検討する上で鍵となる概念だ。時期は五世紀のことになるが、朝鮮半島でも新羅は金・銀・金銅製の冠を地方勢力に配布して勢力の強化と身分秩序の維持に利用していた。百済では中国製の陶磁器や金銅製冠・履などを王権が配布していたようだ。

器物の贈与関係が支配や集団関係など社会的関係の基層にあることを明らかにしたのは、

文化人類学の成果である。遠方からもたらされた希少な器物は、実際上の有用性があるかないかにかかわらず、それを所有した有力者や集団の地位を高める財となる。こうした器物を「威信財」と呼び、三角縁神獣鏡は威信財の典型例とも評価されている。

特別な器物の授受には、当然なんらかの儀式をともなったのであろう。器物自体の価値よりも、入手契機や経緯の方が本来は重要な意義をもっていたのかもしれない。

さらに三角縁神獣鏡の配布において重要なのは、入手の数量に明確な格差がある点だ。紀元前一世紀後半の墳墓でも、九州北部の有力者の墓と周辺の墓との間で銅鏡の数量やその他の副葬品にちがいがあった。一～二世紀には、そうした器物の量や質における墳墓の差はやや不明確になっていたが、三世紀には差が復活し、三世紀中ごろには明確に畿内が中心性を示す。鏡をはじめとした貴重品をもっとも多く副葬するのは畿内の古墳となる。一方、地方でも核となる地の支配者の墓には、豊富な副葬品が納められている。

畿内が中心になるとともに、地理的な距離ではなく、中心との関係の疎密が貴重な器物の入手の差につながる。それは渦巻の凝集を促進させることになった。

†争乱と統合

この時期の渦巻の関係や展開をみる上では、交易や配布とは別の「交流」も念頭においいておかなければならない。それは戦争である。

第一章にみたように三世紀以降、中国王朝と高句麗、高句麗と百済、新羅、倭など各勢力間の戦闘が激しさを増す。倭については二世紀後半、魏志倭人伝に有名な「倭国乱」の記述がある。帯方郡の設立は、韓や濊が強盛となり多くの民が韓に流れたことに発するという。直接の戦闘以外でも、さまざまな軋轢と地域勢力の発展は不可分の関係にある。

こうした争乱の存在を考古学的に示す資料はそれほど多くない。弥生時代の倭において軋轢が頻発していたことは、防御集落の発展、多数の殺傷人骨の存在、鉄製・石製武器の発達、楯や甲など武具の出土から確かめられる。戦闘の規模の評価はむずかしいが、こうした衝突の中から「国」などのまとまりが形成されてきたとみるのが通説である。

ただし文献で争乱や侵攻について記述されている時代にも、各種の器物の交易は活発におこなわれていた。それも器物の一方向的な流れではなく、双方向の交換であった。渦巻の成長においては、衝突と交流の双方が重要な役割を果たした。

†鉄と王権

これも争乱と関係する事柄であるが、朝鮮半島からの鉄の輸入をめぐる動きが、三世紀の王権の飛躍に大きな役割を果たしたとする説が有力である。九州北部が独占していた鉄素材や鉄器の輸入に対し、大和の王権が瀬戸内海ルートを掌握したことが勢力圏拡大の基礎となったという（都出比呂志さんほか）。

鉄は古代においてはとくに重要な「戦略物資」であり、これを抑えた者が権力を握ることになる。また、このように考えると弥生時代の畿内に鉄製品の出土が圧倒的に少ないのに、前方後円墳出現以降は多数の鉄製品が副葬されるようになるという変化を説明することもできる。

先にも触れたように、前方後円墳出現期以降も鉄器の生産自体は九州北部に中心があったようだ。重要物品でも、生産の中心＝権力の中心とは限らない。三世紀以降、広い地域で鉄器が普及した点をみるなら、再分配や仲介地という役割を畿内が果たすようになったことを、渦巻の求心力として重視すべきであろうか。

†器物の動きと渦巻の発達

以上にみてきた、朝鮮半島と倭での器物の流通と墳墓の発達との関係について整理してみよう。

紀元前一世紀〜紀元後一世紀の朝鮮半島南東部や九州北部では、楽浪を通じてもたらされた製品をふくむ豊富な器物を副葬した墓が登場する。ただ、それらの墓では立地や埋葬形式に関して、他のひとびとの墓との間に決定的な差は生じていない。器物の到来が先にあり、それによって有力者の地位が向上していったことを示すものかもしれない。

二世紀には、倭では楯築墓に代表される大きな墳丘をもち、他の墓から独立した墳墓が登場する。朝鮮半島南東部では豊富な副葬品をもつ木槨墓が発達する。中部では低い墳丘をもち、鉄器などを多数副葬した墳墓が中心となる。それぞれの地域によってちがいはありながらも、有力者がより規模の大きい墳墓を築造することが普及してゆく。

三〜四世紀になると、巨大な墳丘と豊富な副葬品をそなえた「王墓」が登場してゆく。倭では三角縁神獣鏡など、中央からの器物を「威信財」として「配布」するという方式による渦巻の強化も認められる。そこには、単に社会の階層化や有力者の伸長以上の「飛躍」があったのだ。

†畿内はどのようにして中心になったか

ここで第一章において取り上げた、倭において畿内の中心性がいつ、どのようにして誕生したのか、という課題に戻ってみよう。

楽浪から倭の関東・東北地方まで及ぶ器物の流れという視点からみると、紀元前一世紀後半〜紀元後三世紀において、波の大小や流れは複雑に変化しながらも、外来の器物が普及し、各地に広く定着していったことがわかる。その中でも二世紀後半〜三世紀前半の変化が大きく、渦巻の発達に拍車をかける動きであった。単に特定地域の渦巻が強くなったというだけでなく、渦巻群がつながり合うネットワークの編成全体が変化した。

紀元前一世紀〜紀元後一世紀はじめには、中国製品の流入は九州北部に集中していた。それが紀元後一世紀以降、東方へも拡散を始める。それは広域の流通網が誕生したというより、地域間同士の流通が連鎖したものである。瀬戸内海の沿岸では、鏡片や貨幣など中国製品や九州北部製の青銅器が点々と分布するようになる。とくに二世紀後半の銅鏡は、中国の徐州地域から倭への安定した供給が想定でき、交流の深化を物語る。

山陰から北陸の日本海側地域は九州北部との交流を維持するとともに、ガラス玉の流入のような独自の交易も想定される。二世紀には、土器をはじめとした東海地方から関東地方への動きも顕著になる。日本海側から中部高地を通じた関東との結びつきも生ずる。

これらは単に器物の流通網が拡大したということにとどまらない。外来の器物に価値を認め、その価値観を共有するまとまりの拡大をも意味する。こうした価値観は各地で成長しつつあった有力者の階層を固定化し、それを支配者へと発展させる作用を果たしたことも想像できる。

地域間の交流関係の深まりの中で三世紀前半、大和の地に纏向遺跡が「出現」する。交易の中心であった点が注目されているが、各地に展開した交易の連鎖網の中央に「結節点」が誕生したという評価もできる。

畿内や大和の重要性を、西方地域と東方地域とをつなぐ位置という地政学的な視点から説く研究者も多い。本州島の中で交通路としての瀬戸内海の存在は大きく、海路を利用して本州の中央まで到達することができる。それは淀川・大和川などの河川によって内陸部と通じ、それが東国のネットワークと連結する地が畿内である。さらに近江を経由して北陸地方、あるいは陸路を通じて丹後や山陰地方と結ぶルートも早くから存在した。

三世紀中ごろには器物に関して異なる流通方式が成立する。三角縁神獣鏡のように、それまでの器物よりはるかに広範囲に分布する製品が登場する。畿内から各地への「配布」という方式が誕生した。「配布」という表現からは、中央から人が各地に出向いて配ったかのように受け取られるが、九州から関東・東北にまで及ぶ広範な地域に一種類の器物が広がったのは、地域の支配者の方が畿内に集まり、そこで貴重な器物を獲得したとみるほうが理解しやすい。新たなひとの動きの発生も意味する。

保有する器物の数量にも明確な格差が生ずる。それは畿内を中心とした強い「求心性」をもった器物の流通方式、さらに限定された器物に共通の価値を認めるまとまりが生まれたことを物語る。

三世紀前半〜中ごろの倭の「飛躍」は、倭の内部から朝鮮半島、中国に至る器物の交易関係の再編の中で発生したことになる。

【コラム②】石にかける情熱

倭の中での交流に関わることだが、三世紀、古墳時代には、一人の人間では持ち運ぶこともできない大量の石や巨石の利用が本格的にはじまる。そのほとんどが墳墓に用いられたものだ。

この時期の古墳の代表的な埋葬施設、竪穴式石槨の構築には大量の石材が必要である。壁面をそろえて積み上げるために、煉瓦のような形をした板石が好んで使われた。好都合な石の産地である大阪府柏原市芝山から大和東南部の古墳まで運搬したことがわかっている。竪穴式石槨の天井石にはとりわけ巨大な石材が用いられた。私が調査に参加した東之宮古墳の竪穴式石槨には最大で推定重量一トンもの天井石が使われていた。調査のために移動するときは、支柱と滑車を用いて吊るし、少しずつ動かしたが、古墳時代にこんな便利な道具はない。山の上にある墳墓の場所までどのようにして引きずりあげたのだろうか。石槨の上に置く作業も大変で、足場が悪く、下には王の亡骸を収めた棺がある（石を落としたら大変なことに！）。人間の腕力だけでどのように作業したのか、さっぱりわからない。いまだに考えあぐねている。

刳抜式の石棺はさらに重い。驚くべきことに、熊本県の宇土半島で産出する凝灰岩を用いた石棺を、わざわざ近畿地方まで運搬して利用したものもあるのだ。船を利用したのだろうが、その直線距離は六〇〇キロメートルに及ぶ。

熊本の地域勢力と近畿の勢力との間に政治的なつながりがあったものとも考えられているが、その地域の石材になにか特別な意味でもあったのだろうか。阿蘇の石材の利用は、古墳時代中期〜後期にまで続く。また近畿地方では大阪と奈良の境にある二上山と兵庫県高砂市にある竜山が古墳時代に用いられた石材の二大産地で、ここで採れる凝灰岩を利用した石棺が各地で多数用いられている。

古墳の土盛にかけたエネルギーもすごいが、必要とする物資の運搬にかけた情熱もたいしたものだ。

第三章

古墳の発達と王権

新羅の王墓群　慶州市

紀元前一世紀〜紀元後二世紀の東夷世界では、中国の史書に「国」と記された地域、考古学的には大きなムラを中心に大小の集落が集まって形成されたまとまりが、地域勢力という渦巻を形成する。この渦の中心には、核となる有力者が存在した。一定の権力・支配力をもった個人が登場した時代である。

同じ頃、有力者の墳墓が朝鮮半島南部や倭の各地にみられることも前章で紹介した。そこには中国製の器物や鉄製品、玉類など特別な品物が副葬され、他よりも獲得・所有する「力」をもった支配者が成長しつつあったことがわかる。そして東夷世界の交易や地域間関係が大きく変化してゆく三〜四世紀、さらに大規模な墳墓、すなわち「王墓」が各地で発達してゆく。

大きな流れでみるなら、こうした東夷世界の王墓を築く風習のルーツも中国に求められよう。大型墳墓のもっともはやい例も中国にあり、東夷世界はそれに続いた。楯築墓や前方後円墳の出現も、そうした流れを汲むものとみることができる。

しかし王墓の発達は、そうした単純な図式だけでは説明できない。近年の考古学的な調査・研究の進展によって、各地の王墓の構造や機能についての知見は飛躍的に増加した。それらをみると、地域ごとの王墓の「ちがい」も大きいのである。それは墳墓が果たした政治・社会的役割、地域社会の埋葬観念や社会意識の「ちがい」と深く関わる。類似性だけではなく、そうした相違にも目を向けながら中国、朝鮮半島、倭の王墓の変化を以下みてゆくことにしよう。

1　中国の王墓

†地下式王墓の出現

東アジアにおいていちはやく王墓を発達させたのは古代中国だ。今のところもっとも古い王墓は、殷代後期、河南省安陽市殷墟遺跡でみつかっている。地下式であることが特徴で、地中深くにむけて大型の穴を掘り、中央に木を組んでつくられた槨を設け、その中の棺に亡骸を納める。四方向に墓道が伸びる。青銅器など多数の品物が副葬され、また王とともに人を犠牲として葬った「殉葬」が多いことも特色だ。大規模な墓ではあるが、地上に墳丘を築いていない。ただし、「婦好」という人物の墓上で建物跡がみつかった例もあり、なんらかの建築物が地上にあった可能性も考えられている。数基の王墓が一地区に集中してつくられており、独立した王墓区を形成する。甲骨文からも「王」の系譜の存在が確かめられる。

続く西周代も殷の伝統を受け継ぎ、墓は基本的に地下式で、地上に巨大な構築物を設ける風習ははっきりとは確認されていない。墳墓の大きさでもって直接に権力を示すという仕掛けにはなっていない。

墓地でどのような祭祀がおこなわれたかも不明である。『後漢書』祭祀志などに「いにしえは墓祭りをせず」とあることから、秦漢代以前は簡素なものであったとする見方もある。一方、宮殿や居宅など別の場所に「宗廟」が設けられており、そこで代々の祖先を祭ることは政治的にも重要な行事であった。

†墳丘と陵園の成立

春秋時代の末期頃に、明確な墳丘をもった支配者の墓が登場する。それ以前にも低墳丘をもつ墓があった可能性はあるが、この時期からとくに高い墳丘を備えた墓となる。そして戦国時代、各地の国が覇権を競う時代になると、それぞれに特色ある墳丘をそなえた王墓が登場する。それらの王墓は大規模な建築物をともなう点も特徴である。

戦国時代の王墓の中でも、とくに重要な中山王墓をみてみよう【図3-1】。中山国は春秋戦国時代に栄えた国で、都城は現在の河北省平山県にある。都城内に四基、城外に二基の王墓が知られている。当初は城内に設けられたが、王権の発達とともに城外に移り、特

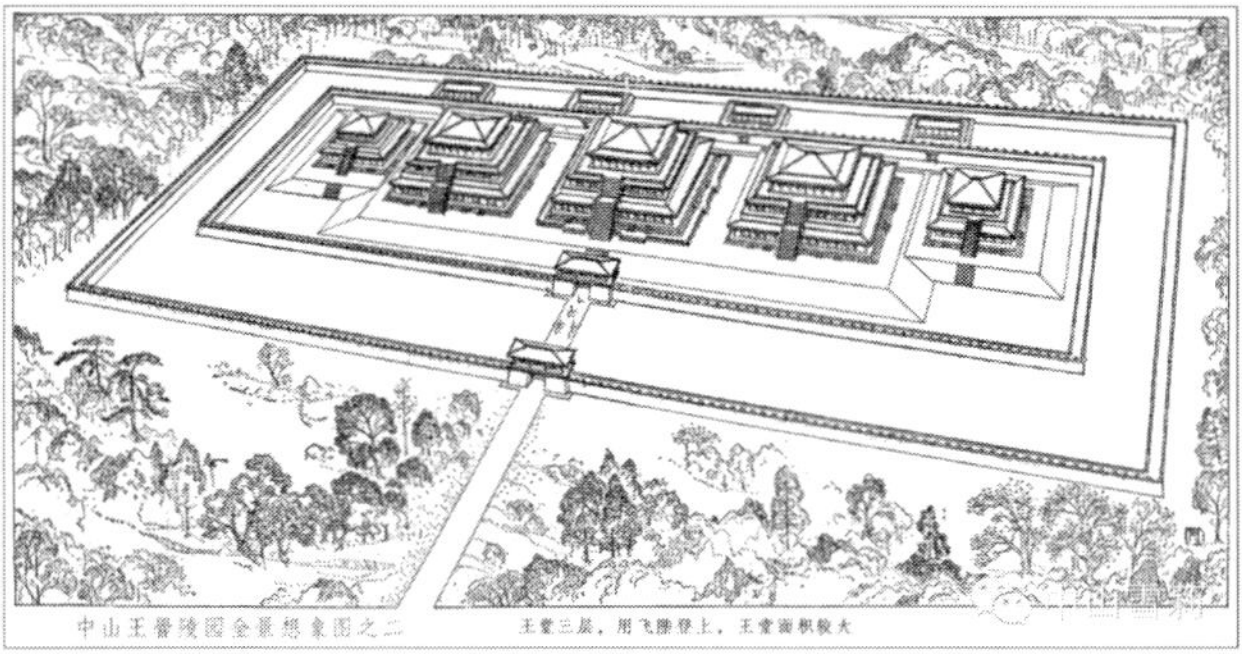

図 3-1　戦国時代の王墓　中国河北省中山王墓推定復元図

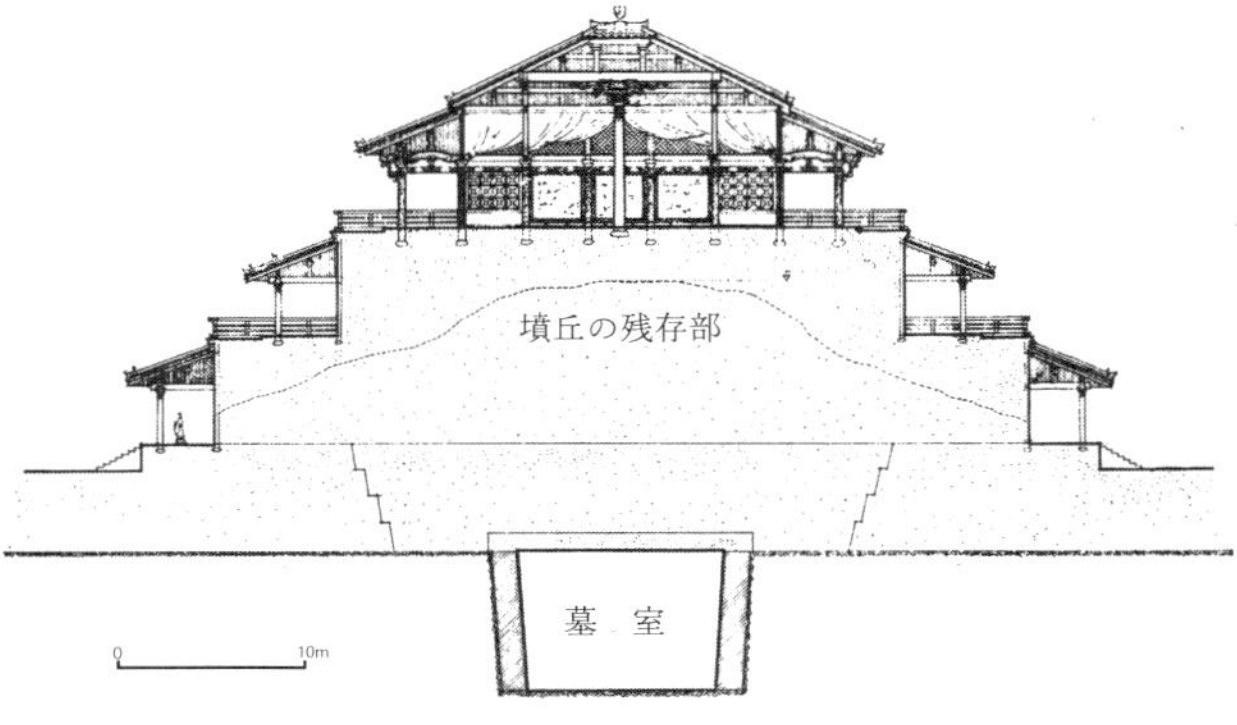

図 3-2　中山王墓の墳丘と建築　建築物は推定復元

別な王墓区が形成された。王城との配置を計画して王墓を築いている点も重要だ。

ちょっと話を脱線させる。倭の古墳時代に関しては、支配者の墓の存在はわかっても、その居館（豪族居館と呼ぶ）との関係のよくわからないものが多い。両者が近在し、居館とその主の古墳とをまちがいなく結びつけられるのは、群馬県高崎市三ツ寺遺跡と保渡田古墳群など限られる。

大王墓も同様で、彼らの統治の中心となった宮の明確な跡は発見されていない。そのため墓の位置と宮殿の場所が離れている場合があったとみる説もある。大王墓群が大和から河内や和泉に移動する点に着目し、そこに「王朝」の変化をみる説があるが、墓と宮殿の所在が別であれば、そうした変化は墳墓の場所のみの変化であり、政治の変動とは直接には結びつかないことになる。中山王墓のように都城と王墓がセットでわかっていれば、勢力の範囲や継続性などが検討できるのであるが、日本では墓という資料に偏重して議論せざるをえないのが現状であり、研究のネックになっているところだ。

話を中山王墓にもどすと、三基の大型墓が並んでおり、そのうちの一号墓が中山王嚳《さく》の墓と想定された。埋葬施設は地下に穴を掘って木槨を設けたもので、南北方向に墓道をもつ。盗掘を受けていたが、中から出土した「兆域図」銅板が大きな注目を浴びた。これは、いわばこの墓の設計図であり、発掘の結果と合わせて、広大な領域に整然と墳墓や建物、周壁を配置することが計画されていたとわかったのである。

発掘の結果から、埋葬施設の上の墳丘は三段に構築されたと推定された。段の平坦面に柱穴や石葺が残存することから、墳丘上には三層の楼閣式の瓦葺建物があったと推定復元された【図3-2】。墓は宮殿の大型建物のような外観を呈していたのである。

倭の古墳と対比してみると、同様に高く土を盛り上げた墳丘をもつ点は共通するが、墳丘の意味合いがずいぶん異なることがわかる。中山王墓のそれは建物の一部なのであり、地下深くに葬られた王の墓室の上に高層の建造物を設けたのである。周囲を宮殿のごとく整備してあることもちがう。倭の古墳では埋葬は墳丘の上部に位置し、上部にも周囲にも建築物はともなわない。墳丘自体を見せる形式だ。

このように墓の周囲を周壁や濠で囲み、中に建築物を設けた施設を「陵園」ないし「墓園」と呼ぶ。ここでは「陵園」に統一して記述することにしよう。墳丘のみならず、陵園制も戦国時代の王墓から明確化する、中国の墳墓の重要な特色である。この時代には墳丘をもたない王墓でも、陵園を備えるようになった。さらに一族や近臣の者を葬った「陪葬墓」も付属するようになる。これらの施設全体が、王権の身分秩序を体現する。

このように整備された墓制は、戦国時代中ごろに発達した。戦国時代は鉄製農具が普及し、生産力が向上した時代である。貨幣経済も発達して商業も盛んとなり、富の蓄積も進む。本格的な都市が成立する時期もこのころである。君臣関係を中心とした官僚体制が整備され、各地の王の中央集権的な権力が確立する。

集団墓地から独立し、さらに陵園が整備されてゆくという王墓の発達過程は、そうした王の権力の絶対化を物語る。そこで祖先の王を継続的に祀る制度も成立した。そして墓の形式や規模、副葬品の質や量などの格差も拡大してゆく。

†秦始皇帝陵の登場

秦始皇帝陵は、そうした戦国時代の王墓の発達の集大成である【図3-3】。地下の墓室の上に築かれた巨大な墳丘、その周囲に設けられた広大な陵園と多数の建築、墳丘の周辺の多数の陪葬墓などの要素は、いずれもその淵源は戦国時代の王墓にある。始皇帝以前の秦の王陵も墳丘・陵園のある点で基本的な要素は備えていた。

ただし、その規模はけた外れに大きい。規模だけでなく、二重の周壁で区画され、内側(内城)に整然と諸施設が整然と配置されていることも特徴だ。外城は長さ二一七三メートル、幅九七四メートル、内城は長さ一三〇〇メートル、幅五七八メートルに及ぶ。

墳丘も大きい【図3-4】。平面は方形で、上面は平らな四角錐台状。いろいろな計測値があるが、東西三四五メートル、南北三五〇メートルの方形の墳丘は中国で最大の規模だ。

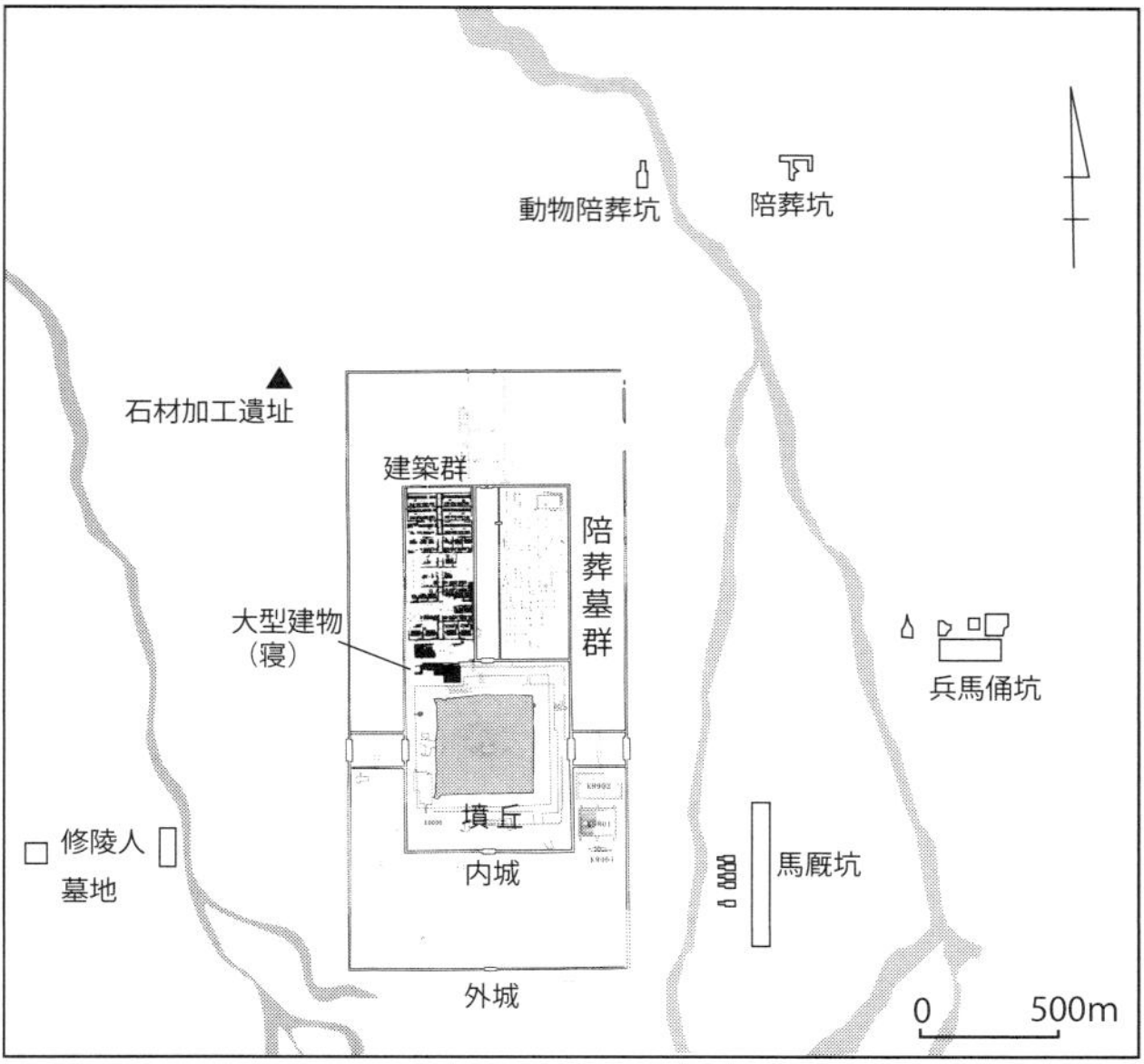

図 3-3　始皇帝陵と周辺施設

なお、戦前の計測では五〇〇メートルに及ぶという記録もあり、本来はもっと大きかったとみる説もあった。
近年の科学的調査で、墳丘の内部には土を突き固めた版築によって築かれた高さ三〇メートルに及ぶ巨大な土台があり、墓室の上を囲むように設けられていることがわかった。また墳丘上で水銀の反応があり、『史記』に描かれた、墓室では水銀を用いて海や河川を象ったとの記事と符合しそうである。
発掘されていないので詳しい状況はわからないが、墓室は壮大な規模の地下式と考えられ、よく「地下宮殿」とも称される。墳丘の周囲には数々の陪葬坑が設けられ、車馬、動物、人物俑が大量に埋納されている。陪葬墓も整然と配置される。
外城の外でも、陵の造営に関わる工房、工事に従事した人の墓地、厩など多数の施設が発見されている。さらに東一・五キロメートルの地に六千体に及ぶ兵馬俑を納

図 3-4　始皇帝陵の墳丘

めた兵馬俑坑がある。北方一・三キロメートルには、銅製の水鳥を配した水禽坑が発見され、河道を象った施設と考えられる。また始皇帝陵で始まった新しい仕組として、陵邑制度がある。陵の近くに一般民を移住させて町を作らせ、陵の管理にもあたらせたものである。

こうした諸施設をふくめた始皇帝の「墓」の範囲は七キロメートル四方に広がる。『史記』始皇帝本紀によれば、即位当初から築造を開始し、その死まで三七年の歳月を要している。従事した人数は七〇万人あまりという。中国の歴史のみならず、世界的に見ても最大級の墓である。中国を統一した最初の支配者として、始皇帝は絶対的な権力を手にしたのち、不老不死を希求した。こうした巨大な墓は、始皇帝が死後もかわらず地下宮殿から世界支配の継続を求めたことのあらわれとみることができる。

考古学的な見方をするなら、始皇帝陵の諸要素は戦国時代の墓と次にみる前漢の皇帝陵とをつなぐものでもあった。最高権力者の墳墓の形式が定式化し、墳丘をはじめとする地上の建造物でその権威を示す方式が確立した。死後も皇帝を祀る施設が整備されたことも重要である。もちろん死生観念の基盤もできあがったのであろう。

始皇帝陵にみられる重要な要素として、陵園内でみつかった建物群がある。墳丘の西側の建物跡から「麗山飤官」と刻書された陶器の蓋がみつかったことは重要だ。「飤」は「飼」と通ずるとされ、ここに始皇帝に飲食を供する施設があったものと考えられた。また墳丘の北側で巨大な建築物が発見されたのだが、文献との対比から「寝」とされた。「寝」は被葬者の霊が日常生活を営む空間だ。始皇帝陵の場合も文献記事から、生前と同じように帝に衣服・食事をささげ奉仕する者たちが多数いたことがわかる。

このように陵と寝とを一体のものとして設けて死者を祀る制度を「陵寝制度」と呼ぶ。地下の墓室、地上の墳丘と建造物がセットとなっているのが重要である。このような組合せは、倭の古墳では確認されていない。

†墳丘の役割と死者の世界

私が気になっているのは、始皇帝陵の墳丘の外観だ。周囲の建造物は宮殿と同じ仕様で、柱や壁などに彩色が施されたりして華やかな姿であったろう。墳丘はその中央にひときわ高くそびえていた。

始皇帝陵の墳丘の構造は複雑である。近年の調査で、墳丘内には土を突き固めてつくられた九つの段をもつ構築物があり、その上では建築物の存在を示す瓦片などが堆積していることが判明した。つまり帝の埋葬後の一時期は、建物のような外観を備えていたらしい。中山王墓と同じく、陵園の中心となる高層の建物であったのなら、その役割は理解しやすい。

しかし、最終的には盛土で覆われたようだ。巨大な墳丘はやはり土盛自体を見せることに主眼があったのだろうか。もちろん墳丘でもっとも重視された効果は皇帝や王の権威の高さを示すことだ。しかし象徴的な意味もあったのではないか。始皇帝陵は当時「麗山」と称され、最終的には、世界の中心や仙人の世界にあったとされる「山」をかたどることを意識したものとみることもできる。

文献には「不封不樹」という言葉がよく出てくる（『周易』繫辞ほか）。墳墓の薄葬に関連する表現であるが、「封」は墳丘を築くことであり、「樹」は文字通り植樹のこととすると、墳墓に樹木を植えることも必要と考えられていたことになる。墳墓を描いた漢代の図をみると、土盛の上に樹木がある**【図3-5】**。墳墓に植えた樹種として「松柏」をあげる例がめだつ。常緑樹であることが好まれたのだろう。

始皇帝陵の墳丘にも樹木があったとすれば、土盛と樹木で霊山を表したのだろうか。中国の墳墓の墳丘がもつ象徴性を考えることは、倭の墳墓の墳丘がもつ意味との対比にもつながる。

倭の古墳との比較でもうひとつ注目したいのは、墓室と墳丘との関係だ。中山王墓や始皇帝陵、そして次に触れる前漢の皇帝陵でも、死者が納められた墓室は地下にあり、その上に墳丘と建物が設けられている。

倭の古墳では、基本的に墳丘の上部に埋葬施設がある。両者では構築方法も異なる。中国式では墓室に死者を葬った後、その上に墳丘を築く。埋葬儀式のときには墳丘は存在しない。倭式の場合、墳丘がほぼ完成した段階で埋葬をおこなう。湖北省荊門市包山二号墓（戦国時代）の例を見ていただきたいのだが、埋葬施設は地下深くに設けられ、地上の墳丘とは切り離された存在であったことがわかる【図3-6】。埋葬の手順も倭とはまるで異なるのだ。このように墳丘が発達しても、埋葬施設を地下に置く伝統は長く継承され、中国の墳墓の基本的な形式であった。

始皇帝陵では地上の建物で、亡き皇帝に対する奉仕がおこなわれた。地下に保護された亡骸とは別に、霊魂が地上にあって生前と同じく生活をし、また政務などもおこなうと信

図 3-5　墳丘と樹木　漢代の画像　左端の樹木が生えた墳墓に向かって拝礼する。中国山東省宋山

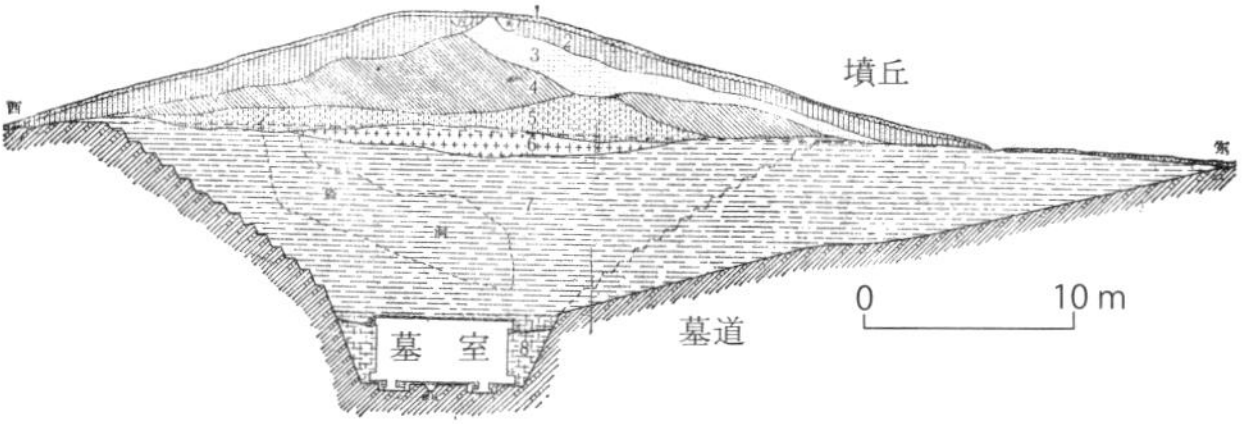

図 3-6　墳丘と墓室　中国荊門市包山２号墓

じられていたのだろう。

古代中国では、人を構成する気を陰の「魄」と陽の「魂」に分け、魄は肉体を、魂は精神をつかさどるとされる。死後はそれぞれ地下と地上・天に分かれる。古代中国の独特の霊魂観にもとづく墳墓形式なのである。地下の埋葬施設には「魄」があり、「魂」は地上の「寝」の設備で生活を送るとともに、廟に現れ、子孫の儀礼を受け、彼らを見守る役割も果たした。

†漢の皇帝陵と階級制度

漢代の墓は、皇帝陵を頂点とし、王、諸侯、上級官吏、中下級官吏、上層の庶民（商人）、庶民、刑徒というように、階級による墳墓の規模、形式においてちがいが付けられ、等級的な秩序がかたちづくられていた。

前漢の皇帝陵の多くは、長安の都の北部から北西部にかけての地、渭河の北岸の段丘に沿って代々の墳墓が列状に並ぶ。とくに漢王朝の創設者高祖の長陵は、長安城のほぼ真北に位置しており、宮城と強い連関をもって設けられた。長安城の未央宮からは、これらの墳丘が望見できた。

基本的には始皇帝陵の形式を継承する。いずれも方形の墳丘を有し、陵園をともなう。

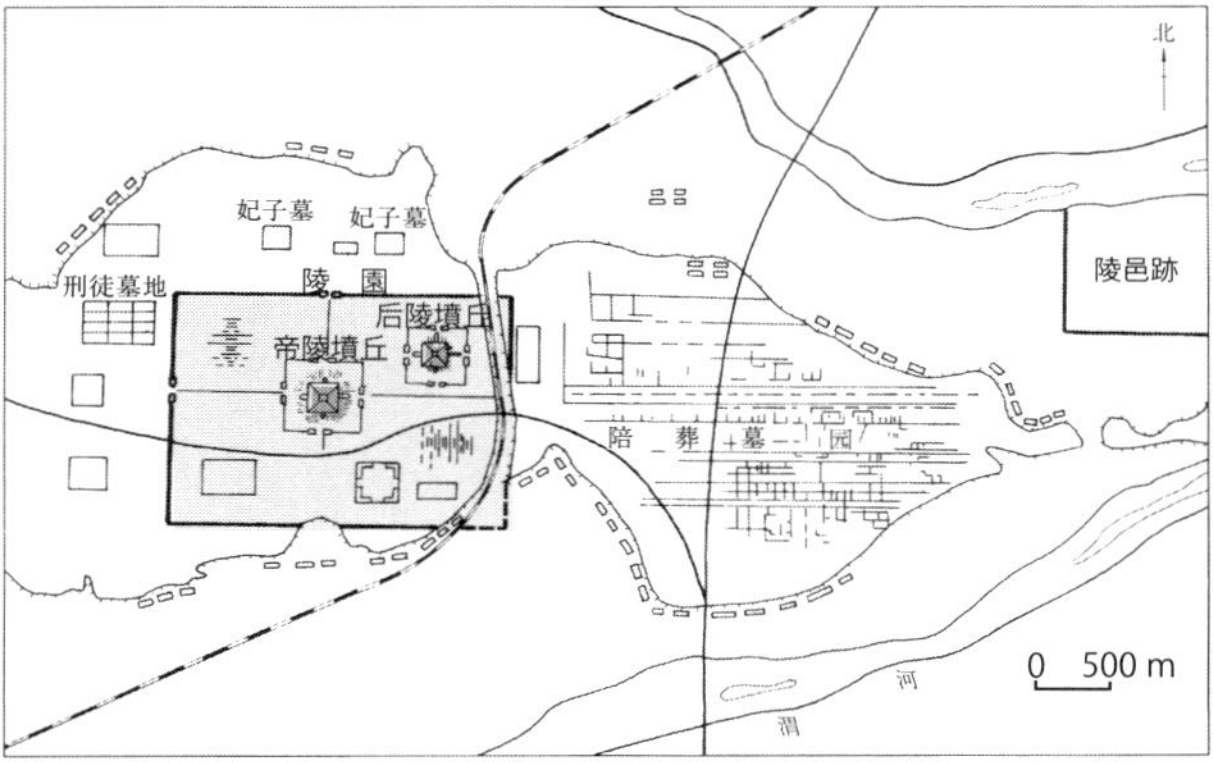

図 3-7　前漢皇帝陵の陵園　中国西安市景帝陽陵

配置などにちがいはあるものの、さまざまな要素は共通する。皇帝陵に一定の方式が確立していたのである。具体例として、調査が進んでいる景帝の陽陵をみてみることにしよう【図3-7】。

陽陵の墳丘は平面方形で一辺は一七〇メートル前後、高さは三二メートル。墓室は地下にあり、墳丘はその上に築いたものだ。四方に門を設けた正方形の周壁で囲む。ひとまわり小さい皇后陵も同形式でそばに築かれている。両者を囲む長方形の周壁があり、陵園をかたちづくる。皇帝陵の南東には石板を中心に据えた大型の建造物がある。陵園の東には多数の陪葬墓が広がる。墳丘のかたちや陵園の存在など始皇帝陵と共通する。また陵邑もともなう。

漢代には、皇帝陵とそれ以下の諸侯墓とでは、墳墓の形式に明確な差がつけられた。それ以外でも身分の差による区別が顕著であり、「黄腸題奏」と呼ばれる大量の木材を利用した埋葬施設、死者に着せる玉衣など、王侯以上の身分の者にしか許されない埋葬方式が存在する。墳丘は高さに制限が設けられたようで、皇帝陵は軒並み三〇メートル以上で、中には四六メートルに及ぶ茂陵（武帝陵）もある。王侯以下の墓はこれより低い。墳墓の規制が浸透していたのである。

†祖先祭祀と皇位継承

支配者の一族の場合、後継者の正統性や権威の拠り所となるのが祖先の存在である。祖先への祭祀は政治的な行為でもある。子孫は一族の系譜を絶えず確認して結束を強め、また祭事の中心となる長の威信を高める。

中国では墳墓とともに、代々の祖霊が宿る施設として宗廟が重視された。殷周時代では、宗廟は祭祀の場にとどまらず、祖先の霊が見守る中で、政治に関わる重大な決定をおこない、布告する中心的な施設でもあった。そのため当初は宮殿内に設置されていた。政治活動の中心が朝廷に移ってゆくと、祭祀の場に地位がやや下がり、前漢代になると墳墓の近くにも廟を設けるようになる。ただし漢王朝の創設者である高祖の廟は長安の宮近くに置かれ、一貫して重視されていた。

天地を祭ることと祖先の帝を祭ることが、皇帝のもっとも重要な祭祀であった。とくに重要なのは新皇帝が即位する際の儀礼だ。天を祭る儀礼と高祖の廟でおこなわれる儀礼が必要とされた。皇帝の地位は天地の神と先祖の帝の承認が求められたのである。

後漢代になると変化が生ずる。後漢の明帝は、祖先の皇帝陵のそばに建てた廟に、百官を引き連れ自ら赴いて祭祀をおこなった。陵の近くの廟が祭祀の中心となってゆく。

こうした変化は、権力や社会の維持手段として、儒教的な祖霊祭祀を一層重視することが広く社会的に普及したことのあらわれでもあった。後漢時代には、墓地での祖霊祭祀は官僚・豪族層まで普及する。墓に廟を建て、祖先の祭祀をおこなっていたことが考古学的にも確かめられる、

†方墳から円墳へ

後漢皇帝陵の墳丘には、倭の古墳のかたちを考える上で見逃せない変化がある。前漢から後漢へと移り変わり、都も長安から洛陽に移されたとき、皇帝陵の墳丘が方墳から円墳に変化するのだ。先にみたように前漢の皇帝陵では方墳が継承されたのであるが、後漢の皇帝陵と目される大型墳はいずれも円形を呈する【図3-8】。

ただ前漢皇帝陵とはちがって後漢の皇帝陵は、どの墓がどの皇帝のものか不明な点が多

図 3-8　**後漢皇帝陵**　中国河南省洛陽市大漢塚

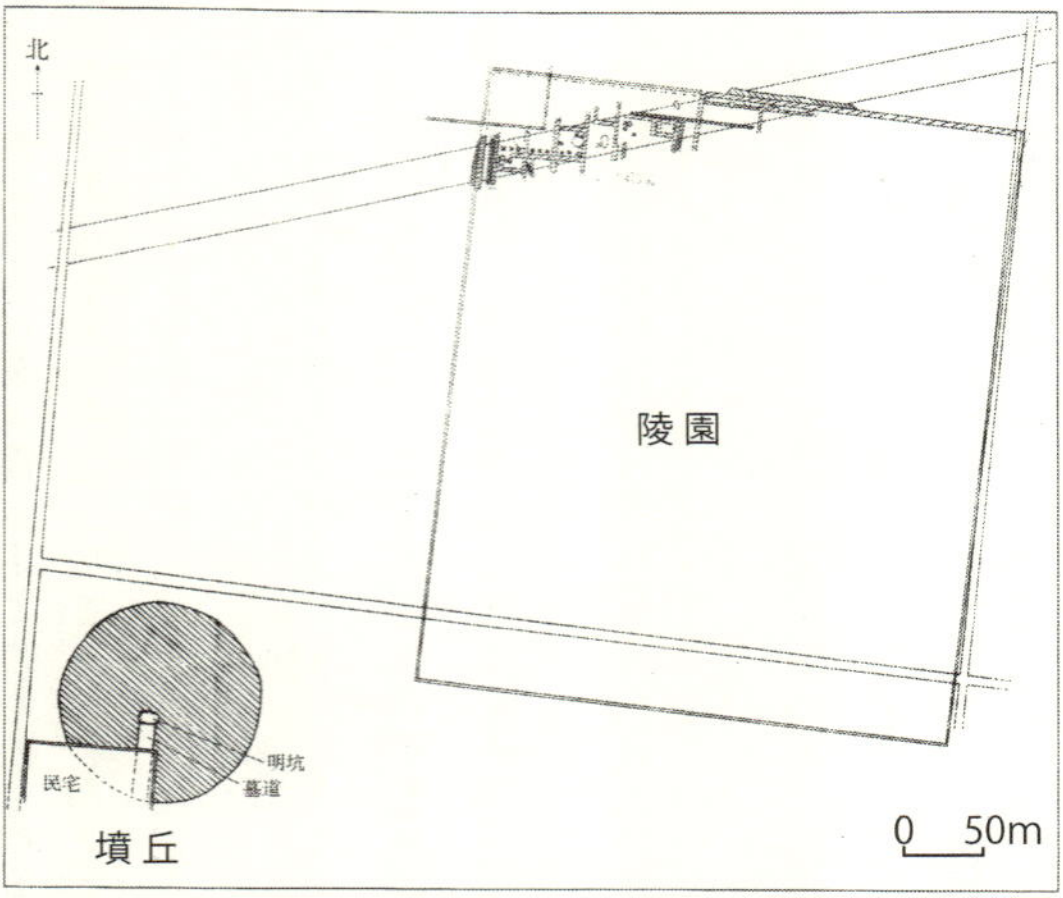

図 3-9　**後漢帝王陵と陵園**　中国河南省偃師市白草坡

い。洛陽城の北西の邙山一帯と南東地域にあったとされる。そのあたりは各時代の墳墓が集中する。

その中で発掘がおこなわれた偃師市白草坡の帝陵級の墳墓の様子をみてみよう【図3-9】。墳丘はほとんど失われているが、直径一二五メートルの大型円墳の跡がみつかった。その東に、南北三三〇メートル、東西三三〇メートルの範囲で建物群があり、墳墓にともなう陵園と考えられた。後漢代にも陵園制度は継承されたのである。

墳形がはっきりと円形であることが、発掘によって確かめられたことも重要だ。方墳から円墳への変化が、正確にどの代の皇帝陵からはじまったのかも問題である。洛陽の北部に位置する、後漢王朝の開祖光武帝の陵と伝える墳墓は円形を呈する。別の大型墳を光武帝陵とみる説もあるが、やはり円墳であることはかわりがない。光武帝はさまざまな制度改革や思想的な変革をおこなっており、それが墳丘のかたちにも表れた可能性がある。変化の具体的な背景は明らかでないが、墳丘の形は何か思想上の重要な意味をもっていたのである。

†墳墓の簡素化——魏晋代

漢代には皇帝陵を頂点とし、王や諸侯など身分に応じてちがいを設ける「墳墓の秩序」

が完成した。また墓に関わる諸建築物も整備され、それらを利用した祖霊祭祀や皇位継承など、王朝や社会の安定をたもつための施設として重要な役割を果たした。

ところが漢代末になると、こうした墓の制度が急激に変質する。

その代表例が、曹操墓の発見として大きな話題を呼んだ河南省西高穴村二号墓である。地下に塼を用いて築かれた室墓で、前室と後室からなり、耳室など合わせて六つの室を設ける。文献では、曹操陵は当初建造物を設けていたとの記事があり、陵園もともなうらしい。ただし墳丘はないことが大きな特徴だ。

曹操はその遺令で「薄葬」を命じたことで有名だ（『三国志』魏書武帝紀）。昔からのしきたりに従うことなく、葬式や服喪、副葬品はできる限り簡素にせよと言い残した。残念ながら西高穴村二号墓は盗掘後の調査であり、副葬品の全体像はわからない。ただ残片には玉衣など特別な品物はふくまれていない。曹操の出身地である現在の安徽省亳州市で後漢時代末の曹氏一族の墓が調査されているが、墳丘をもち、中には玉衣を出土した墓もある。曹操の代で墳墓の簡素化が進んだことがわかる。

曹操を引き継いで魏の初代皇帝となった曹丕（文帝）は、土盛や植樹、陵園・陵邑などの建造を禁じている（『三国志』魏書文帝紀）。父曹操の墓の建物も取り壊したとされる。魏晋代の皇帝陵の実態はよくわかっていないが、すくなくとも巨大な墳丘は築造していないようだ。西晋皇帝陵も明確な墳丘はなく、山を利用しているらしい。

その一方、西晋皇帝陵でも、墓の周囲を区画する施設は存在する。いくら簡素でも墓室だけではなく、死者の霊が宿り、それを祭るための建造物はあったのだろう。ただ、そうした施設も簡素化が著しい。

†皇帝陵の復活と継承——南北朝

こうした簡素な墳墓の風習は、四〜五世紀の非漢族王朝の時代にも続く。遊牧系の民族は、もともと墳丘をもつ墓を築かないものも多かった。

ところが五世紀末、鮮卑族が打ち立てた北魏王朝において、大規模な墳丘と周囲に建築物をともなった陵が突然に登場する。初期の都である平城（山西省大同市）の北方、方山に築かれた文明皇太后の方山永固陵である。中心となる墳丘は円形で、直径はおよそ九〇メートル、高さ二二メートルあり、後漢の皇帝陵と墳丘の規模はほぼ等しい。墳丘は基壇上に築かれている。埋葬施設は地下に設けられた塼室墓。高低差のある台地上には、石造りの永固堂などの建物も設けられていた。

北魏は遊牧民族が開いた王朝であるが、漢人との融和政策を進めた。漢式の帝陵を復活させたのも、こうした活動の一端とみられる。

おもしろいのは、いったん衰退した墳墓の制度が時を隔てて復活しえた、という点だ。墓の形式が簡素化しても、その根底にある思想的な基盤は変わらなかったのである。この陵には思遠仏寺という寺院も付属していた。いわゆる陵寺として用いられたのだろう。仏教の隆盛にあわせた新しい要素も加わっている。

文明皇后の子である孝文帝は、平城から洛陽に遷都を実施し、みずからの陵は最終的に洛陽郊外に設けた【図3-10】。その陵墓、長陵は円形の墳丘で径一〇三メートル、高さ二一メートル。半分ほどの大きさの皇后陵もそばにあり、周囲には平面長方形の陵園もそなえている。

こうして復活した皇帝陵の形式は西魏、東魏、北斉など北朝の皇帝陵に引き継がれてゆき、雄大な墳丘が残されている【図3-11】。さらに六世紀の東魏からは壁画墓が発達する。長い墓道を設け、その壁に四神のほかに、各種の儀仗兵の群像を表す。墓室は上部に星辰や神獣像を描き、壁には墓主、群臣や侍従像によって日常生活空間を形づくる。

一方、南朝の帝陵は北とは異なる伝統を保持したようだ。立地が独特で、山を背後にして、両側も山にはさまれた谷の奥に墳丘を築く。三〇メートル以上の、比較的大きな円形の墳丘をもつものがある。墳丘と山とが一体となっており、北朝の墓とは外観が異なる。墓室は塼を用いた単室墓が中心である。

図 3-10　北魏の皇帝陵　中国河南省洛陽市孝文帝陵

図 3-11　北朝の皇帝陵　中国河北省邯鄲市天子塚

南朝の皇帝陵でとくに目を引くのは、龍や辟邪など神獣像、さらには柱をかたどった大型の石造物である。これは墳墓の前に設けられた神道と呼ばれる道の脇に並べられたものだ。この神道を中心に建物も配置され、陵園を形成していたのであろうが、全体像は明確にはわかっていない。

この形式の陵墓は唐代の皇帝陵にも引き継がれた。ただし唐の皇帝陵では人工の墳丘を設けず、自然の山塊を利用し、その岩を刳りぬいて墓室を設けたものが多い。その前に神道が長く伸び、脇には帝に仕えた文官・武官、異国からの使者、彼らが連れてきた珍獣などを象った石造物が並ぶ。神道の入口には巨大な門闕《もんけつ》を築く。皇帝陵の周囲は、一族や家臣の墓で取り囲む。やはり皇帝を中心とした宮、そして政治秩序を墳墓で表現しているのである。

皇帝陵の埋葬施設は未発掘のため不明であるが、周囲の皇族の墳墓は発掘例がある。地下式の土洞墓で、墓道や墓室内に北朝伝統の壁画を描く。

†王墓の伝統と変容

戦国時代に登場し、秦始皇帝陵で完成した中国の帝陵は、時期による変化も大きいが、共通した性格が明確にある。死者を葬る空間は基本的に地下にある。その上に大きな墳丘を設け、死者の居場所や子孫が祖先祭祀をおこなうための施設を建物として設ける。墳墓の施設と現世の政治・社会秩序とが明瞭に結びつく。
埋葬観念や墓の基本的な役割は継承されるものの、変化もある。とくに重要なのは三～五世紀、薄葬が進み、巨大な墳丘を築く風習がいったん途切れることだ。実は、この空隙の時期にこそ、朝鮮半島や倭で王墓が発達するのである。

【コラム③】王墓・首長墓・天皇陵

各地の支配者が築いた大きな墓に対する呼び方は色々あって、ややこしい。とくに本書のように、中国・朝鮮半島・倭と対象が広く、社会の発達度も異なる地域において、用語の基準を設けるのは困難だ。

あまり迷いがないのは中国である。文献によって支配者の称号・階級が明確に示され、全部ではないが、ある程度は墳墓のランクと対応させられる。秦始皇帝登場以降、トップは皇帝であり、その墓は皇帝陵。それに次ぐのは、皇帝一族などが各地の支配者に封ぜられた諸侯王の「王墓」である。

やがて周辺の蕃族の長にも「王」の称号が与えられるようになる。中国の「王墓」

とは被葬者の性格がまったく異なるのに、呼び方が重なるのは気持ちがすっきりしない。三〜四世紀以降、東夷世界でも「王」が普及する。

苦しいのは倭の弥生時代の「王墓」だ。弥生時代、漢王朝に朝貢した「奴国」の支配者は「奴国王」の印を受けた。本文でも触れたように九州北部にみられる銅鏡など豊富な副葬品をもつ甕棺墓が彼らの墓と考えられ、「王墓」と呼ぶ場合もある。しかし中国や後の時代の「王墓」とは格が違うだろう。ここでは弥生時代や三韓時代のめだった墓を「有力者」の墓と称する。

古墳時代では各時期の最大の墳墓はおおむね「天皇陵」に指定され、「仁徳天皇陵」などと一般に呼ばれている。しかし天皇号が成立するのは七世紀のこと。埼玉稲荷山古墳出土の金象嵌銘鉄剣には、「獲加多支鹵大王」とあり、天皇号成立以前は「大王」と呼ばれていたことがわかる。

考古学でも近畿地方のトップの墳墓を「大王墳」「大王墓」とする。しかし、大王墓以下の各地域の大・中型墳墓を「王墓」とすると、朝鮮半島三国時代の「王墓」基準と抵触する。高句麗など朝鮮半島諸国の中心となる支配者は、『三国志』段階から「王」と呼ばれている。広開土王碑でも「王」、百済の武寧王陵の誌石でも「斯麻王」とある。

石母田正さんは古代日本の生産関係の基礎を「首長制」とし、首長は社会集団の代表者であるとともに、また労働力や生産物を収奪する存在と位置づけた。これを援用し、日本考古学では古墳時代の地域支配者を「首長」とし、「首長墓」の語を使う場合が多い。「首長」は現在でも地方行政府の長に使うが、一般の読者にはなじみが薄い。本書ではややあいまいだが「支配者」の墓として記述するが、うまくは整理しきれていないことをお断りしておく。

2　朝鮮半島の王墓と倭

三韓時代の墳墓の発達

紀元前一世紀～紀元後二世紀、楽浪の官人階層の墓は木槨と呼ばれる形式が主流だった。木材を用いて枠を設け、その中に木棺を納める。棺のまわりのスペースに、生活・儀式用具などを中心とした副葬品を納める。さらに埋葬施設の上には墳丘を築く。木槨は中国式の墓制であり、とくに南方で流行したものだ。貴重な木材を大量に使用する木槨墓は上位層のもので、下位層は槨をもたない木棺に遺骸を納めるか、あるいは棺も用いずに穴を掘って埋めた。なお二世紀以降は、塼を積んで横穴式の室を構築した塼室墓が中心となってゆく。

楽浪の文物が流入し始めた紀元前一世紀、三韓時代の朝鮮半島中・南部では木棺墓が中心で、明確な墳丘の存在は認められない。前章で触れた茶戸里一号墓や朝陽洞三八号墓もそうだ。茶戸里一号墓で出土した残りのよい木棺は丸太を刳りぬいたもので、板材を組み合わせた楽浪の木棺形式とは異なる。

二世紀以降に、朝鮮半島南東部では支配者の墳墓として大型の木槨墓が発達する。金海市良洞里一六二号墓・二三五号墓、蔚山市下岱四三号墓などがその代表例である。良洞里一六二号墓には鏡一〇面をはじめとして、板状鉄斧など大量の鉄製品が副葬されていた。槨を納めるための墓穴も五メートル×三・四メートルと大きい。副葬品の中身だけでなく数量や墓の規模において、明らかに他から抜きんでた墳墓が構築されるようになった。

ただし墳丘など、墓の外見的な施設は未発達で、有力者と他の人の墓でめだった区別がつけられていない点は注意したい。埋葬施設や副葬品の充実が先行し、その後に墳丘など外観的要素が発達したのである。

一方、朝鮮半島中部・南西部では同じ段階に墳丘をもつ墳墓が登場している。中部の漢江流域では二世紀に積石塚式の墓があらわれる。これは中国東北部で勢力を確立しつつあった高句麗の墳墓に特徴的な墓制であり、その影響を想定する説もある。その場合、楽浪・帯方郡の地域を飛び越えて、つながりをもったことになる。南西部では二～三世紀、周溝をめぐらし、おそらくは低い墳丘をもった方形の墳墓が集団墓を構成する。

各地に有力者層が登場しつつも、小さな地域ごとに墳丘の有無など墓の特徴に大きなちがいが生じているのは興味深い。そうした目でみると倭でも、近畿地方のように弥生時代の早い段階から墳丘をもつ墓（方形周溝墓）が導入された地域と、当初は墳丘をもたない木棺墓中心の地域などちがいが顕著である。九州北部では甕棺墓が流行するが、紀元前一世紀の有力者の墓は、副葬品が豊富なだけでなく、墳丘も築いて他の墓と区別をつけている。

同じように身分差や社会の階層差が進行しつつも、それを墳丘など埋葬後も目に見えるようなかたちで区別をつけるかどうか、韓と倭の中でさまざまなちがいが生じている。そこには墳墓の社会的役割の差が反映しているのであろう。こうした差はさらに拡大し、それは三～四世紀以降、王墓の登場の段階で頂点に達する。

†高句麗の王墓

朝鮮半島三国時代の墳墓の中で、独自性をもちながらも、中国式の墳墓の影響をもっとも強く受けたのが高句麗の王墓だ。

高句麗は早くから墳丘をもつ墳墓が登場した。墓の形式が大変特徴的なことでも知られており、石を積み上げて墳丘を築いた積石塚が発達する。

中国東北部の鴨緑江上・中流域などには、低平ながら積石塚式の墳墓群が分布しており、集団墓を呈する。一部調査されているが、時期は紀元前後を中心とし、初期の高句麗勢力によるものとみられる。

二世紀には方壇式の積石塚が登場し、分布域も拡大する。そして中国吉林省集安市に中心が移ると、王墓の名にふさわしい大型の積石塚が築かれるようになる。かたちは平面形が方形で、段をもつことから方壇階梯積石塚とも呼ばれる、ピラミッドのような外観の墳墓だ。

そうした墳墓の頂点に立つのが、太王陵、将軍塚【図3-12】、千秋塚などである。太王陵は東辺長六二・五メートル、北辺長六三メートル、残存高一四メートルに及ぶ。埋葬施設は切石を積んで作られた横穴式石室で長さ九メートル弱、内部に家形に構成された石組み（石槨）が設けられている。近くには著名な広開土王碑がある。

将軍塚はこれより規模は小さく、一辺が三二メートル前後、高さ一三メートルだが、花崗岩の巨大な切石を七段に積み上げた精美な外観が特徴で、内部には巨石の切石を用いた

図 3-12　集安の高句麗王墓　中国吉林省集安市将軍塚

長さ一三メートル弱の大型の横穴式石室があり、二つの棺台が残されている。千秋塚はやや崩れが進んでいるが、一辺が六〇〜七〇メートル、高さは一一メートル。

これらの大型墓が築かれた時期こそ、広開土王などが登場し、高句麗の王権が強化された時期であり、墳墓の発達と王権の伸長とが一致する。ただし広開土王の墓が太王陵か、将軍塚なのか意見は分かれている。

高句麗の積石塚は実に独特な形式の墳墓であり、逆に積石塚といえば高句麗式とされることも多い。倭の積石塚墳についても、積石であるというだけで高句麗との関係がとりざたされることが多い。

しかし高句麗の王墓については、積石塚という特徴もさることながら、別の要素も着目される。それは「陵園」の存在だ（西谷正さん、東潮さん）。太王陵や将軍塚の周囲では、墓域を取り囲む周壁や祭祀に使用されたと考えられる建物基壇の一部がみつかっている。さらに墳丘の頂部からは瓦や塼（塼は太王陵）が出土しており、頂部の石には柱を立てるための穴が残る。塚の上に瓦葺の建築物があった可能性も考えられる。建物の詳しい構造や具体的な機能などは明らかでないが、中国式の影響を受けた墳墓とみることができる。さらに太王墓の石室内にある家形の石槨も興味深い。埋葬施設を家に見たてることは中国の伝統だ。ただし埋葬施設を墳丘上部に設ける点は異なる。

また『三国志』東夷伝の高句麗の条には、厚葬で金銀の副葬品を納めることに加えて、石を積んで墳丘をつくり、松と柏を並べて植えたことが記される。墳丘のどこに植えたのか不明だが、これも中国の墳墓と共通する風習だ。『三国史記』では、王の即位などに際し、始祖王の廟で儀礼をおこなった旨が記される。確証はないが、集安市の東台子で発掘された礎石をもつ瓦葺の建物を宗廟とみる説もある。

高句麗の発達した王墓では積石塚式など独特の伝統を継承する一方、中国の墓制とその思想の影響も強く受けていたことがわかる。陵園を設ける点や、代々の祖先祭祀を重視したところも、秦漢の皇帝陵を思い起こさせる。ただ、この時期の中国の北朝ではこうした形式の墳墓は途絶えている。高句麗で独自に復活した伝統なのだろうか。

四二七年に平壌に遷都すると、盛土による封土墳が普及してゆく【図3-13】。墳丘の規模は集安の王墓に比べてやや小さくなる。高句麗の墳墓の特色として、積石塚と並んで有名なのは壁画墓であるが、平壌の時代には壁画も多彩な展開をとげる。天空の星辰、神仙や各種の霊獣、四神など中国の影響を受けた題材が多い。また墓の主人の居室、その生活に関わる情景、出行図や使者の来迎図など、日常の活動も描く。柱表現などもあり、墓室を居宅と見立てているところなど、これも中国からの強い影響を受けている。

図3-13　平壌周辺の高句麗王陵
北朝鮮平壌市土浦里大塚

平壌周辺の王墓でももうひとつ興味深いのは伝東明王陵だ(平壌市)。丘陵の先に位置し、背後の丘陵には真坡里墳墓群、雪梅里墳墓群が広がる。いずれも横穴式の石室をもつ。この伝東明王陵の丘陵下で、定陵寺と名付けられた寺院跡が発掘された。寺の名称は出土した土器片に「定陵」「陵寺」という線刻があったことによる。王陵を祭祀するために設けられた「陵寺」の可能性が高いとされている。先にみた北魏の方山永固陵などに倣い、高句麗はいちはやく中国の墓制の新機軸を導入した可能性がある。

†百済の王墓

積石塚の王墓という点で高句麗と共通するのは、百済の初期の王墓だ。ソウル市の南東部、石村洞墳墓群には、積石塚ないし盛土の周囲に石を積み、外側に段も設けた方形墳が数基集まっている【図3-14】。そのうちの三号墓は一辺が約五〇メートル近くもあり、平面規模だけみると先の高句麗の王墓に匹敵する。埋葬施設や副葬品については不明な点が多いが、中国製の磁器や金製の飾りなどが出土している。時期は四世紀代とされ、まさにソウル（漢城）に百済の都があった時代であり、初期の百済の王墓とみてまちがいない。

それらは高句麗の墳墓と同じく方形の基壇式であるが、直接の継承性は不明である。石村洞墳墓群の周囲には木棺墓や甕棺墓などさまざまな種類の墳墓が多数存在したようだが、早くから開発によって破壊が進んでしまい、墳墓群の全体像は明らかでない。ただ広い陵園があった形跡はとぼしい。王墓は近接しており、ある程度の代にわたって継続して築かれたものと思われる。

石村洞墳墓群にも近い、漢江の左岸に夢村土城と風納土城がある。高い土塁で囲まれた土城であり、高句麗や中国と共通する。夢村土城はソウルオリンピックの記念公園内にある。近くにある風納土城の発掘が近年進んでおり、礎石や瓦葺の建物が存在し、道路も設けられていたことなどが判明した。出土遺物も多彩かつ膨大で、中国製の陶磁器などの出土もめだつ。漢城時代の百済の王都とみてよいだろう。王都と王墓は近接するようだ。

漢城に都があった時代の長さと比べるなら、石村洞墳墓群だけでは王墓の数が足りない。王墓の変遷についてはわからないところが多い。ただし、最近ソウルの周辺地域で、同時期の地域支配者の墳墓が多く調査されている。集団墓の中にあるものが多く、木棺を埋めたもの、石で槨を設けたもの、横穴式石室など多様だ。中国製陶磁器や金銅製の冠帽・沓など特別な製品が出土している。金銅製の装身具は百済の王権から地域の支配者に身分の証として配布されたものとする説もある。詳しいことはわからないが、漢城の王墓が突出して大きく、地域有力者の墓ではあまりめだった墳丘はつくっていないようだ。

高句麗によって漢城が陥落し、やがて公州（熊津）に都が遷ると墳墓の様相も大きく変化する。本書が対象とする時期よりも降る五世紀末〜六世紀の遺跡だが、東アジアの古代王墓のあり方をみる上で興味深い例として触れておく。明確な王墓区域が盆地の北西部に設けられている。二〇基あまりの宋山里墳墓群だ【図3-15】。墳丘は土盛による円墳で、径二〇メートル前後と小さい。埋葬施設は宋山里型と呼ばれる定型化した横穴式石室と、

図 3-14　百済の王墓　韓国ソウル市石村洞墳墓群

図 3-15　百済の王墓群　韓国公州市宋山里墳墓群

塼を用いた室墓とがある。

塼室墳のなかで、とくに有名なのが一九七一年に発見された武寧王と王妃の陵である。誌石の出土により、被葬者の王の名前がわかった稀有な例である。副葬品がほぼ荒らされない状態で残されており、暦年代もわかる点できわめて貴重な資料を提供した。(塼の中に王の没年より一二年古く遡る年号を記したものがあり、生前から築かれた「寿陵」と考えらえる。)

武寧王陵や宋山里六号墓は、用いられた塼や墳墓の形式が中国南朝の墳墓に倣ったものであることが判明している。陶磁器など中国製品も出土しており、南朝との深いつながりを示すものだ。

この宋山里墳墓群の北、錦江に面した丘陵上に位置する艇止山遺跡では大型建物などがみつかっており、武寧王などの埋葬の際の殯の場とも推定されている。この説が正しければ、墳墓からやや離れた位置に葬祭の場があったことになる。

五六八年に扶余に遷都すると、王墓は陵山里に築かれる。六基の墳墓が王墓区を形成し、墳丘は小さい。表面を滑らかにした切石を用いた精美な横穴式石室が特徴である。この型の石室は王族だけでなく、統一した規格により、地方勢力の墓にも用いられた。政治的な統制が進行したことのあらわれとみられている。

注目されるのは付近にある陵山里廃寺址である。発掘調査で出土した石製の舎利《しゃり》龕《がん》に銘文があり、この寺が五六七年、聖王の菩提を弔うために建立されたことが判明した。聖王の陵は陵山里墳墓群中にあり、この寺は陵寺とみることができる。この時期には、王の霊を祭る施設が王墓に近いところで設けられていたことになる。

†栄山江流域

古代朝鮮半島の国々といえば、高句麗・百済・新羅の三国と加耶の諸国をあげるのが通例だ。しかし近年、考古学の成果から独自の勢力として注目されているのが全羅南道を中心とした、栄山江の流域である。最近韓国で出版された考古学の教科書『韓国考古学講義』でも、「栄山江流域」として、高句麗・百済などと並ぶ地域として一章立てられており、その注目度がうかがわれる。

この地域の勢力は、百済の南遷とともにその勢力下に組み込まれてゆく。考古資料でみると、金銅製の沓など百済の都周辺の勢力の墳墓出土品と同じものが、この地域の墳墓からも出土している。百済勢力が、周辺の諸勢力を組み入れるために配布したものと解釈されている。

一方、それらの器物を出土する墳墓もふくめ、この地域の墓制は百済中心地域とは異なるまとまりをもつ。とくに五世紀後半〜六世紀には、複数の異なる方式が混在して存在するのは興味深い。

もっとも特徴的なのは甕棺を用いた墓だ。この甕棺は、弥生時代の九州北部の甕棺と同じく、人の埋葬用に作られたもので、大きい。この甕棺を墳丘に複数納める。

五世紀後半には、羅州潘南面一帯で、直径四五メートル、高さ九メートルを越えるような大型の墳丘をもつ墓が登場する。なんと同時期の百済の王墓より墳丘は大きいのだ。これらの大型墓の墳丘には複雑な構築法のものもある。ひとつの墳丘に複数の埋葬をおこない、それを継続する中でさらに積み増しをしている。発掘すると、ひとつの墳丘の上下に多数の埋葬施設が並ぶことから「アパート型」とも呼ばれる。

埋葬方式にちがいはあるものの、大きな墳丘を築くという点で、この地域の墳墓には倭の古墳と共通するところがある。

†韓国の前方後円墳

時期は五〜六世紀と本書の対象時期から降るが、倭の前方後円墳のもつ意味を考える上で欠かせない材料がこの栄山江流域ではみつかっている。

それまで前方後円墳は、倭に独自の墳形と考えられていたが、栄山江流域において、日

図 3-16　韓国の前方後円墳　韓国全羅南道海南郡龍頭里古墳

本列島以外ではじめて前方後円墳の存在が確認されたのだ【図3-16】。以前よりこの地域に前方後円墳があるとの説も唱えられてはいたのであるが、一九九〇年以降、次々と確実な調査例が報告され、現在では一四基に及ぶ。韓国でもこの栄山江流域に分布は限定される。また、この地域の中で一箇所に集中するのではなく、先の甕棺墳丘墓の中心地より、外側の地域に散在する。

時期は五世紀後半〜六世紀前半である。墳形だけでなく、段築や葺石など倭の墳墓の特徴をそなえるものもある。埋葬施設には九州北部系の横穴式石室を採用している例も注目される。日本の研究者を驚かせたのは、埴輪と共通する土製品や木製品などの出土だ。最近では、前方後円墳ではないものの、金山里方形台墳で動物の形象埴輪もみつかっている。明らかに倭からの強い影響があった。

当然、こうした前方後円墳に葬られたのは、どのような人物なのかが議論となる。まずは倭人説がある。海を渡ってきた人物が故郷と同じ形式の墳墓を築いた、とストレートに考える。また在地勢力者説では、倭と強い政治的関係を結んだ人物が、それを墳墓の形式にも反映させたとみる。さらに倭と深い関係をもつ百済の官僚であり、この地域の勢力を抑えるために派遣されたとみる倭系百済官僚説という複雑な見方もある。

こうした異なる伝統の地域に築かれた例には、前方後円墳のもつ「意味」を解くカギがあるのではないだろうか。そういった意味では、墳形だけでなく葺石や埴輪形土製品がともなっていることは興味深い。「埴輪形土製品」と称されているように、もちろん埴輪を意識してつくられたものであるが、形や製作技法は倭の埴輪の範疇から逸脱したものだ。墳形、段築、葺石、埴輪、こうした外見的な面をそなえることが「前方後円墳」の重要な要件と意識されていたのだろう。

栄山江流域はこれらの時代より前から倭とつながりをもっていた。さらに大きな墳丘を築く風習という点でも倭と共通する。

ただし注意しておきたいのは、前方後円墳を中心とした「秩序」全体が倭からもたらされたのではない点である。第一章で紹介した前方後円墳体制論が示すように、倭では前方後円墳のほか、円墳・方墳などさまざまな墳形と、大小のランクが組み合わさって、ひとつの墓制を形成した。

栄山江流域の場合は、その中の前方後円墳という部分が切り取られた形で到来したのだ。かつ前方後円墳が築かれた期間も限定される。

†加耶と倭

加耶には水系や盆地ごとに小国が存在したが、墳墓の形式もそうした地域ごとのちがいが大きい【図3-17】。土器や副葬品も小地域ごとに特徴が分かれる。そうした特徴の分析が進み、倭との交流の中心となる地域が、時期によって移り変わっていったことも判明している。

二〜四世紀に倭とのつながりが強いのは、現在の金海市周辺、金官加耶であった。二世紀、金海市良洞里墳墓群中に大型木槨墓が登場し、多数の鉄製品、中国製品のほか、銅矛や鏡など九州北部の製品も出土している。広い地域と交流をもった支配者ないし王の墓とみることができ、また楯築墓など倭の大型墓とほぼ同じ時期に登場する点は注目される。同じような社会の発展段階にあったのかもしれない。ただし良洞里大型墓では、埋葬後に土盛はしているものの、大型の墳丘は築いていない。

図3-17　加耶の墳墓群　韓国昌寧郡昌寧松幌洞墳墓群

三世紀中ごろに、同じく金海市の大成洞墳墓群に中心が移る。倭で大型前方後円墳が成立するのと同時期だ。やはり大型の木槨墓が発達し、板状鉄斧などを大量に副葬する。

その中でもっとも古い段階の王墓と目される二九号墓において、四〇点以上の板状鉄斧、銅鍑のほかに、大量の土器が出土していることに着目したい。もちろん飲食物を死者にささげるための容器だ。こうした土器の大量副葬は、倭の前期・中期古墳にはみられない。また、殉葬が登場するのもこのころだ。

その一方、石製品、巴形銅器、筒形銅器など近畿地方の古墳副葬品と共通する器物がめだつようになることも特徴だ。倭とのつながりが一層深くなったことがうかがわれる。

五世紀にはいると金官加耶は衰退し、現在

の釜山市にある福泉洞墳墓群に中心が移る。この墳墓群の出土品には新羅の特徴もめだつ、その影響下にはいったものとみる説もある。

五世紀前半には、咸安の阿羅加耶、固城の小加耶地域に支配者の墓が築かれるが、中心をなすのは、大加耶に比定される高霊池山洞墳墓群である。これらは埋葬施設の上に墳丘を築く方式であるが、先の固城地域では倭と同じく墳丘を築いてから、上から掘り下げて埋葬施設を設ける。小地域ごとの墓のちがいはきわめて大きい。

†新羅

観光地としてにぎわいをみせる慶州では、大型の円墳が多数集まって独特の景観をつくりだしている【本章扉写真】。これらの多くが五〜六世紀を中心に築かれた新羅の墳墓である。もっとも大きな墳墓が集まっている中心となる地区があり、皇南大塚、天馬塚などひときわ巨大な墳丘を残す。また戦前に調査された金冠塚、飾履塚、瑞鳳塚など豊富な副葬品が出土した墳墓も位置する。

これらの多くが積石木槨墳という新羅独特の形式の墳墓だ【図3-18】。棺のまわりを板で囲んで木槨をつくるという点では漢代の木槨と同じであるが、新羅の墳墓はその上に大量の石を積み、さらに土で覆ってある。この大量の積石が幸いして、盗掘をまぬがれた墳

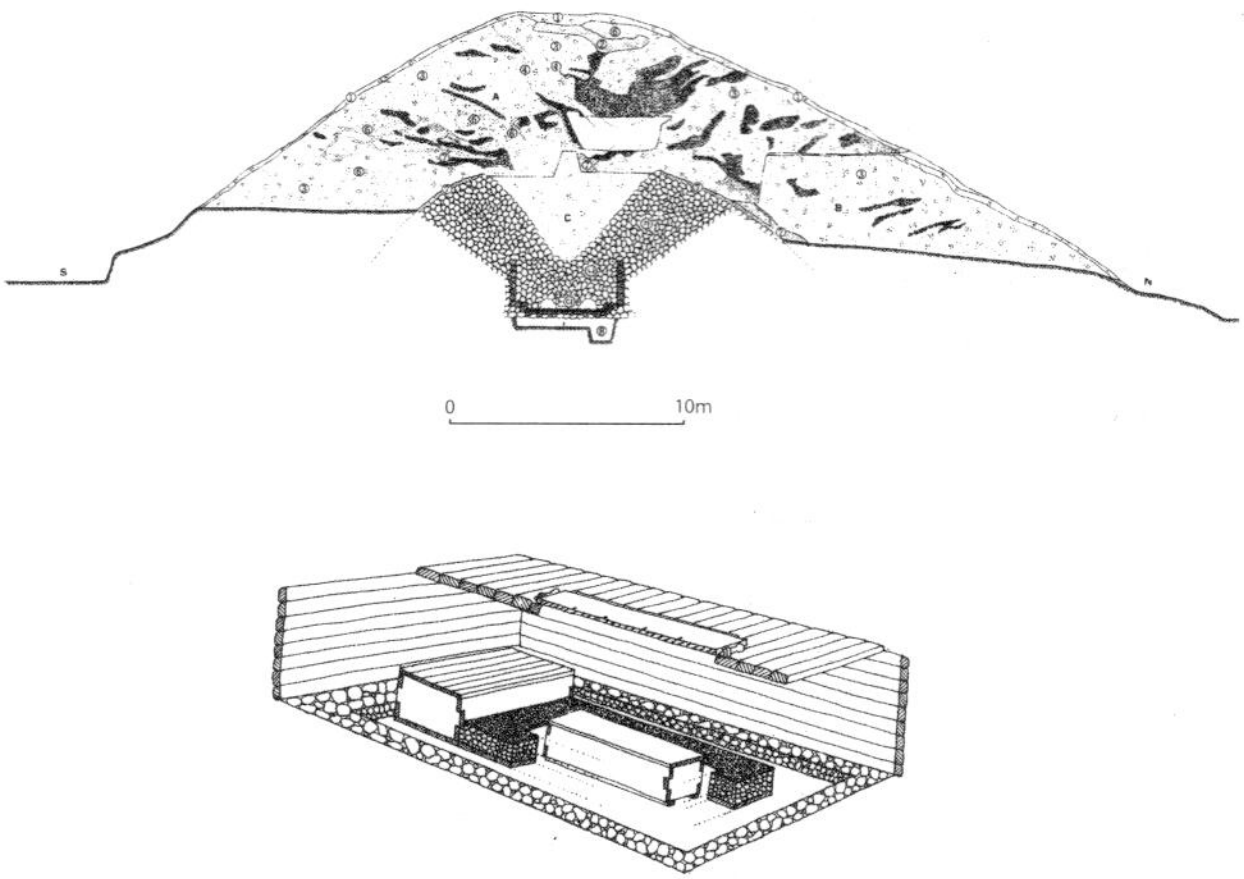

図 3-18　積石木槨墳の墳丘と木槨　韓国慶州市天馬塚

墓も多く、金銀を用いたきらびやかな副葬品が出土している。

なかでも皇南大塚は二つの円墳（南墳と北墳）が合体したかたちの瓢形墳で、合わせて長さが一二〇メートル、高さは二二メートルに及ぶ。今のところ新羅でもっとも古い王墓であり、他地域の王墓と同じく、大型墳墓への飛躍があった。被葬者については意見が分かれており、それによってこの墓の年代にも四世紀末説と五世紀中ごろ説と大きなちがいが生じている。ただ新羅における大型墳墓への飛躍は、高句麗や百済や倭より一段階遅れた可能性が高い。

五世紀の新羅の墓制で注目すべきは副葬品で、金銀製の冠や帯金具、装飾大刀などが特徴的だ。とくに出字形の装飾をもつ冠は規格性が高い。皇南大塚南墳では金銅冠であるが、それ以降の大型墳からはいずれも金冠が出土している。こうした形式の冠は周辺地域の墳墓からも出土しており、新羅との政治的関係を示すものとみられている。

五世紀代の慶州の王宮については実態が不明であり、王墓群との関係についてもよくわからない。しかし統一新羅時代と同じく月城に王宮の中心があったとすれば、王墓群は目と鼻の先に位置することになる。別に宗廟を設ける必要はなく、王宮内において、王墓に向けた直接儀礼・祭祀を実施することができる。政治の中心、王墓と墳墓の中心、祖霊祭祀に関わる施設が集中し、一体となって機能していたのではないだろうか。

新羅の積石木槨墳は、高い墳丘という点で外見的には倭の古墳と同じように見える。しかし、これは埋葬が終わった後に積み上げられたもので、葬送儀式の最中には存在しない。そういった点だけをみれば、中国の墳丘と共通する。倭の墳墓とは、墳丘の役割が大きく異なるものと考えられている（吉井秀夫さん）。そして、陵園式とは異なるものの、祖霊祭祀が、現実の活動と強く関連づけられている点は倭とのちがいだ。

3　王墓発展の相互作用

†大型墓の発想

大きな流れでみれば王墓は中国で出現・発達し、それが時間を経て東方の周辺地域にも影響を与え、各地での王墓の出現に至った、ということになる。朝鮮半島南部・倭国での王墓の出現時期はおおむね一致する。第二章で述べた中国王朝の衰退と、それに応じた地域勢力の勃興と関連づける説が一般的だ。各地が力をつけ、王という求心性をもった存在が登場し、死後も王墓が形成される、という図式で理解できよう。

これは単なる墳墓の風習の伝播ではない。巨大な墳墓を築くことが、王とその後継者の権威を示し、また身分秩序の安定にも作用する。そうした発想が広がっていったのである。ただし各地の王墓の実態は多様だ。ある程度は似通ったところがあるものの、異なる地域の間でまったく同一の墳墓が築かれることはない。それどころか、地域内でのちがいや時期による変化も大きい。墳丘だけ取り上げても、かたちや大きさ、築造方法、表面の施設、埋葬施設の形式や墳丘との関係、副葬品、いずれをとってもちがいの方が大きい。

とくに墳墓を築く上での「思想」「信仰」に重大な差をみる。「王墓」という言葉に惑わされず、さまざまな面を考慮しないと、前方後円墳出現との関係性をみることはできない。

†規制の弱まりと王墓の出現

たとえば朝鮮半島と倭で大型墳墓が発達する時期、本家の中国では、王墓を築く風習が衰退していたという現象は、あまり注目されていない。日本の古墳の出現を中国の王墓の影響と関係づける論は多いが、そこで念頭に置かれる中国の墓は漢代のものである。

私は朝鮮半島や倭で王墓が発達をとげた背景については、逆の作用、つまり中国王朝の墳墓秩序が弱まったことが影響しているのではないかと考える。

漢代の墳墓は皇帝陵を頂点とし、墳丘の高さ、附属する陵園などに関して秩序と法則があった。完全に隙のない厳格な制度ではなかったのかもしれないが、墳丘の大きさや陵園などの規模に関して、不文律的なものもふくめて規制はあったはずだ。

倭人が、そうした墳墓の決まりごとを直接目にする機会はありえた。中国文化との交渉の窓口になった楽浪郡では多数の墳墓が築かれている【図3-19】。その中には在地の官人としては高位の人物の墓、たとえば「楽浪太守掾王光之印」が出土した王光墓の墳丘は、東西一八メートル、南北二七メートルの方墳であった。楽浪漢墓の中では大型に属する。

楽浪を訪れた倭や朝鮮半島のひとびとも、そうした墳墓の大小の仕組みと接していたにちがいない。漢王朝が隆盛を誇ったとき、東夷の地とはいえ、こうした規制を破るような墳墓の築造ができたはずはない。弥生時代、楽浪郡や中国王朝ともっとも頻繁な交渉をもった地域、九州北部の「王」の墓の墳丘は低平で、規模は三〇メートル程度だ。この規模が自主的な約束の上限となったのだろう。

漢王朝が衰退に向かった二世紀後半に規制がゆるみ、倭では楯築墓など巨大な墳丘をもった墓が登場したのである。

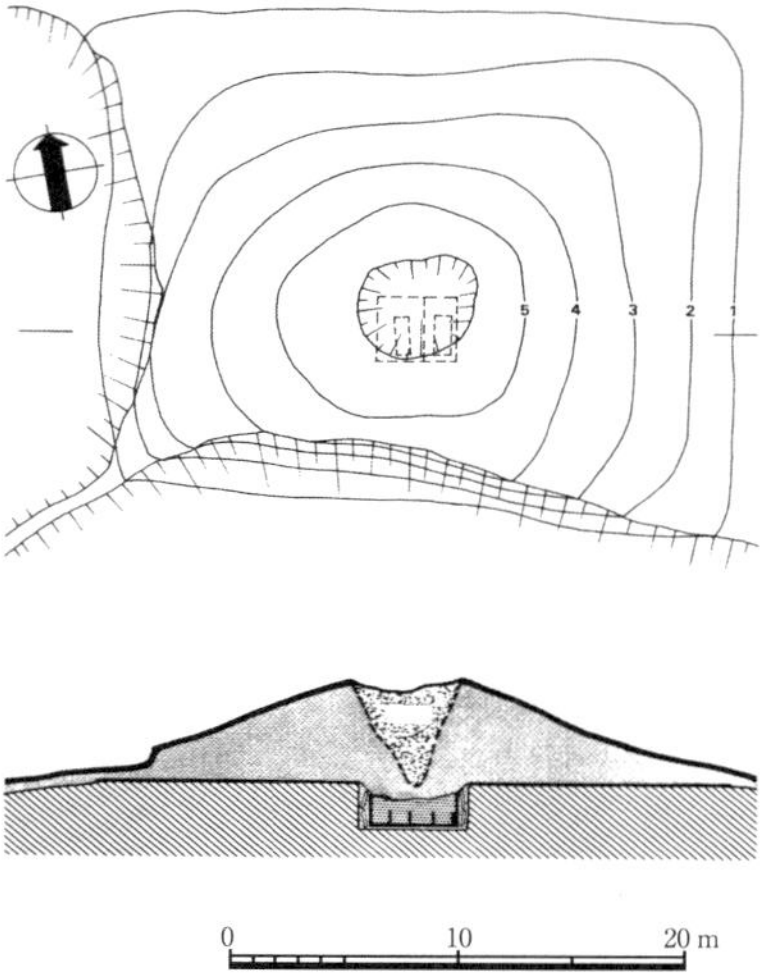

図 3-19　楽浪漢の墳丘　北朝鮮平壌市石巌里 219 号墓

さらに曹操以降、三〜四世紀にかけて中国の墳墓は薄葬へと転換し、墳丘の存在も顕著ではなくなる。同時期、倭の前方後円墳のような大型の墳墓が「飛躍」的に登場したのは、中国の墓制の動向と反対方向への動きなのである。そして南北朝時代前半、中国で墳丘を築く風習がさらに弱くなったころ、倭や朝鮮半島では王墓の規模は頂点に達する。とくに極端な大型化を進めたのは、中国からもっとも遠いところに位置した倭であった。墳墓の制度に関しては、秩序から完全に離脱したものであった。

高句麗や百済でも、四〜五世紀に最大の墳墓を築造し、その後は縮小してゆく。これは中国王朝との直接的な外交交渉が深まり、再び自己規制が始まったとみることもできる。五世紀後半、北魏で墳丘と陵園をそなえた皇帝陵が復活し、北朝で大型の皇帝陵が定着した時から、倭や朝鮮半島で大型墓の縮小が始まることも偶然とは思えない。

百済の武寧王陵は、南朝の墳墓と埋葬施設の構造は共通するものの、墳丘などの規模においては比較にならないほど小さい。これは大きな墳墓を造営する力がなかったというだけでは説明しきれない。南朝とのつながりが強い分、遠慮がはたらいたものであろう。一方、百済の支配下に入りきっていなかった段階の栄山江流域では、百済王墓を上まわる規模の墳丘を築く。

朝鮮半島と倭における墳墓の巨大化と縮小という動きは、王権の伸長と中国からの影響・間接的規制という二面から説明できないだろうか。

†相互作用による発展

第一章でも触れたように、東夷世界での墳墓の発達や王墓の出現は、中国からの一方向の影響というかたちで説明されることが多い。しかし実態としては、朝鮮半島南部や倭で王墓が発達するのは、中国で王墓の制が簡素化した時期なのである。また倭の方が朝鮮半島南部よりも早くに墳墓を巨大化させた可能性が高い。これは単純な伝播とは考えられないだろう。

一方的な影響や同調することばかりが、つながりの強さを示すのではない。互いの動向が連動しているかどうかも重要である。先に述べた規制の強弱による地域間の相互作用として説明できれば、それはストレートな形ではないにせよ、やはり中国と東夷世界との緊密な関係を示すものだ。

そして一方、「巨大な墳墓を築く」という共通性をとりはらってしまえば、各地の墳墓はちがいの方が大きい。墳墓は社会集団の階層化や王権の成立をも反映する面もあるが、本質的には地域社会にねざした事情、風習、信仰などと大きく関わるのである。ここに「つながり」の中での「ちがい」の発展を読みとることができる。

【コラム④】王墓の復活

日本では大きな墳丘をもった王墓の築造は八世紀にはほとんど姿を消す。天皇の墓も墳丘が小さくなり、鎌倉時代以降は御堂に納骨するものや石造塔形式を用いるようになる。大きな外部施設は設けないのである。ところがそれから千年余りの後、突然「王墓」が復活する。

その先駆けは幕末の第一二一代孝明天皇の陵墓。異国船の到来、幕府権力の衰退など動乱の時代の天皇である。その陵は京都市東山区の泉涌寺に造られた。江戸時代の後水尾天皇以降の歴代の天皇・妃はこの泉涌寺に墓所が造られたのだが、それらはすべて石造塔形式であった。ところが幕末の尊皇思想の勃興、それらに対する幕府の対策として、畿内の御陵の修復・整備が進められた。と同時に孝明天皇の御陵も古代の天皇陵にならい、大きな墳丘をもつ墳墓として築造されたのである。

大政奉還を経て、明治時代にはいわゆる王政復古によって天皇をいただく政府ができあがる。そして天皇中心の政府が確立していた律令時代の制度がさまざまな形で参照された。今も残る政府機関の「省」や「大臣」という呼称も、古代の名称を復活させたものだ。

新しい体制での最初の天皇、明治天皇の御陵の築造にあたっては、京都市山科区にある天智天皇陵に範を求めた。大化改新の立役者であり、天皇中心の政治体制を築いた人物の陵に倣うことに意味があったのだろう。なお当時、この天智天皇陵の墳丘形式は上円下方墳と理解されたため、明治天皇陵も上円下方墳に造られた【本コラム内

明治天皇陵

写真】。現在の調査研究では天智天皇陵は八角形墳とされている。
京都市伏見区に築かれた明治天皇陵は規模も壮大で、新たな政治体制を切り開いた「王墓」の名にふさわしい。社会や政治が変わるとき、墳墓の形式にも変化があるのだ。日ごろ、考古学で観察される現象が当時の社会をどれくらい反映しているのか、考えあぐねて悩みのつきない私にとって、心休まる事例のひとつである。

第四章

つながりとちがいと

宋代壁画墓の家屋表現　中国河南省登封市唐荘　夫婦の合葬

第二、第三章でみてきたように、紀元前一世紀以降の東夷世界では、中国からもたらされた新たな器物の交易が進められ、各地の人が盛んな交流をおこなっていた。密な接触を通じて、各地域はそれぞれに渦巻を発展させてきた。交流の活発化と連動して、各地域で支配者や地域勢力が成長し、墳墓は発達、巨大化してゆく。

ところが、中国文化からの影響という点で共通し、緊密なつながりをもちながらも、各地域の特質は消されることなく、むしろ増大してゆく方向に作用したとみることができる。それは王墓の出現の頃に頂点に達し、その後も拡大した。

風土の差などにより、地域ごとに生活様式などいろいろ異なるところが生ずるのは当然だ。しかし、中国王朝からの政治・文化的な影響を受けつつも、王墓や威信財など、支配を支える施設や器物には顕著なちがいが生じたのである。それは社会の仕組みの根底にある地核部分、あるいは価値観や信仰面での差異を示すものとみられる。

1 権威の象徴

†銅鏡重視

楽浪郡成立以降の倭と朝鮮半島諸地域を比較したとき、そのちがいを強く感じるのは権威の見せ方の差だ。

有力者が誕生すると、他の成員との身分の差を明確に示す必要が生ずる。近現代国家のように社会制度が確立していれば、肩書や貯金通帳の数字など直接目にみえないものでも、その差異を序列化し、誰もが納得する形で意識を共有することができる。しかし、そうした制度の形成過程にあった社会では、身につける衣服や装身具など、視覚的な表象物によって区別を表示することが重要となる。

漢文化の影響以降、倭では銅鏡が権威を象徴する代表的な器物となった。これは倭で発達をとげた独特の風習である。

不思議なことに同時期の朝鮮半島では、銅鏡が珍重された形跡がほとんどない。ただし東夷世界と楽浪が交流をもった最初の時点、紀元前一世紀の朝鮮半島南東部や紀元後一～二世紀の有力者の墓には中国鏡の副葬例があり、その時点では朝鮮半島南部でも象徴器物として機能したらしい。しかし数は少なく、三世紀までは続かない。三世紀の前方後円墳出現以降、倭では九州から東北地方南部にまで及ぶ広い地域で銅鏡を重視する風習が広まるのと対照的に、高句麗・百済・新羅などの墳墓では銅鏡の出土は稀になる。

倭で銅鏡が珍重された要因は、まずは器物の呪術性にあるのだろう。紀元前一世紀にあたる九州北部の飯塚市立岩遺跡一〇号墓では、六面の中国鏡が棺内の被葬者の脇にあたる位置に置かれていた【図4-1】。降って三世紀、奈良県天理市黒塚古墳では、三三面もの三角縁神獣鏡が棺の死者を護るような位置に立て並べられていた【図4-2】。そのほか倭の古墳では、頭部脇や胸部上など、死者の身体に接するところに銅鏡を置く例が多い。六世紀後半に至っても、奈良県斑鳩町藤ノ木古墳では石棺内の遺骸に接する位置に銅鏡を配している。埋葬にあたって、銅鏡が死者を保護する役割を果たしていたにちがいない。この伝統は中国文化との接触以降、五百年以上の長期にわたって継続したのである。

銅鏡が誕生した中国でも、単に化粧道具というだけではなく、幾分かは呪術的な意味をもってはいた。裏面には当時のひとびとが信仰対象とした図柄を描き、所有者の不老長寿や子孫繁栄をうたう吉祥句を銘文に記す。六朝期には、仙人になるための修行の道具として銅鏡が使用される(『抱朴子』登渉篇)。

特殊な副葬例もある。山東省青島市で発掘された平度界山一号前漢墓には、一九面ものきわめて多数の銅鏡が副葬されていた【図4-3】。その配置状況も特異なものであり、大部分が被葬者の頭部から胸部にかけての場所に重ね置かれていたのである。さらに出土した銅鏡には直径二七・八センチにも及ぶ大型鏡も含む。九州北部の須玖岡本遺跡D地点墓で出土したのと同じ鏡式の大型鏡で、紀元前一世紀後半という墓の年代も近い。副葬品の

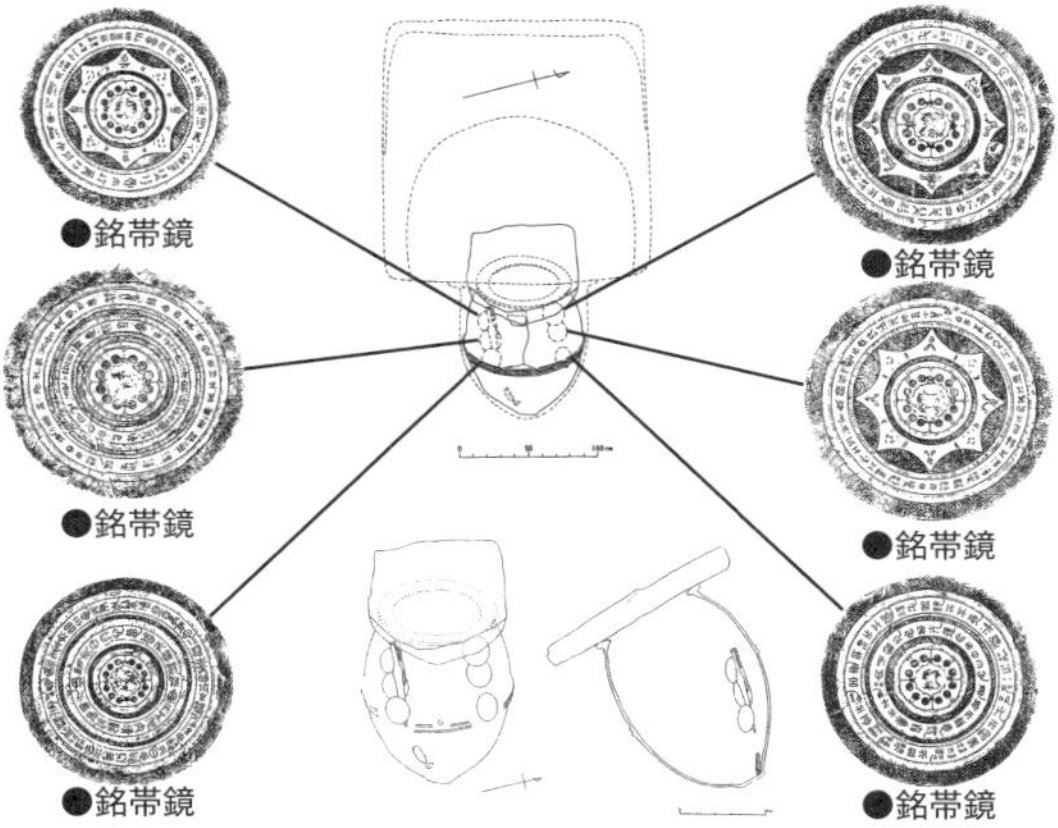

図 4-1　立岩遺跡 10 号墓中国鏡出土状況　福岡県飯塚市

図 4-2　黒塚古墳三角縁神獣鏡出土状況　奈良県天理市
〔提供：奈良県橿原考古学研究所、撮影：阿南辰秀〕

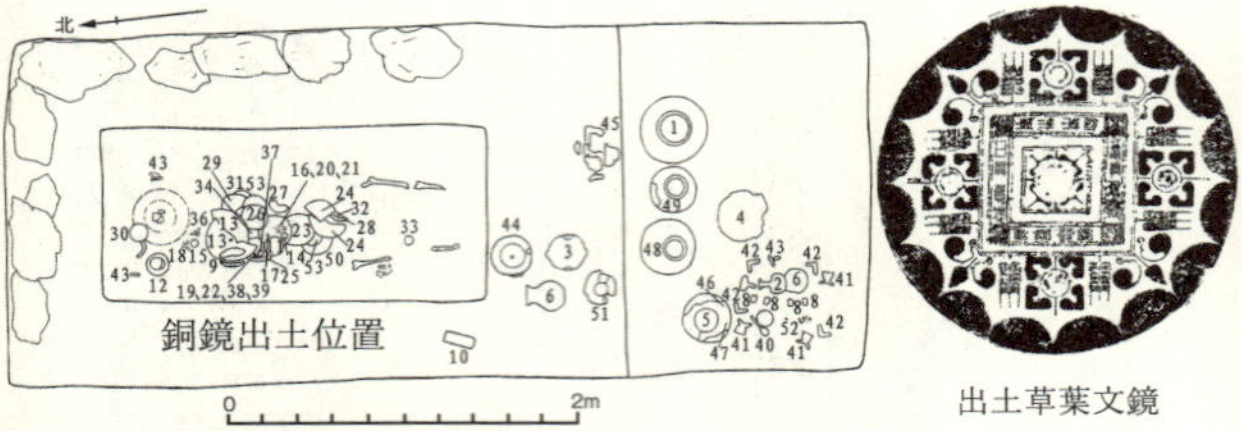

出土草葉文鏡
（径 27.8 cm）

図 4-3　中国の銅鏡大量副葬墓　中国山東省青島市平度界山 1 号前漢墓

銘などから、葬られた人物は諸侯の家族ではないかと推定されている。この例を知った時にはちょっとびっくりした。中国では異例の銅鏡副葬であり、倭とのつながりを想像させてしまう。

銅鏡という器物に呪術性を求め、墓に大量副葬する風習の淵源も中国にあったのかもしれない。しかし倭では、その呪術的性格にさらに特別な価値を認め、権威の象徴や支配の証という役割すら付与するという、きわめて特異な意義の拡大をおこなったのである。

†倭の中のちがい

ただし三世紀までは、倭のどの地域でも銅鏡を重視していたわけではなかった。

二世紀後半の楯築墓には鏡の副葬はなく、副葬品はガラス・石製玉類と鉄剣であった。出雲の西谷三号墓、丹後の赤坂今井墓でも装身具が副葬品の中心だ。これらの地域では、美しいガラス玉に価値を見出していたようだ（大賀克彦さん）。中心となる墓ではとくに希少な種類のガラス玉が副葬されている。独自のルートでそうした器物を入手した有力者が存在した。

私は、権威の象徴として用いる器物として自然に選ばれるのは、銅鏡よりも、こうした身につけるものだと思う。冠や玉類などの装身具、衣服、大刀などは、それをまとった人間と他者とのちがいを視覚的に明示し、直接に権威付けできる。ガラス玉のように多彩な色をもつ装飾品は、身につけた人のちがいを顕著に表すのに有利だ。この時代、今のようにたくさんの人工的な「色」があふれていたわけではない。透明感のある色を身につけることの効果は絶大だっただろう。もちろん織物など衣服の色も重要だったはずだが、腐朽してしまい、資料としては残されていない。もっともめだつ金銀色の本格的な利用は、中国では戦国時代からあるが、朝鮮半島や倭では遅れる。金や銀あるいはそれらのメッキ製品を用いた冠や大刀、馬具は五～六世紀に登場して普及する。

銅鏡は文様の細かいところが見えないと、種類のちがいを識別できない。一つの墳墓に大量副葬されたことや大型鏡が作られたことが示すように、数量や大きさでもって所有者の力を示したのであろう。しかし、それは個人自体の権威を直接的に示すのには向いていないのではないか。

いずれにしても二世紀段階までは、倭の中でも権威の象徴となる器物の形式は定まっていなかった。これは地域ごとに墳墓の形式がちがっていたこととも共通する。倭の中でも渦巻の方向性は異なっていたのである。

ところが三世紀中ごろ、前方後円墳の出現以降は、九州南部から東北地域まで銅鏡が広く墳墓に副葬されるようになる。銅鏡だけでなく、石製品、甲冑《かっちゅう》（よろい・かぶと）など、権威を示す器物が定式化され、時期ごとに変化する。それらを王権が配布し、各地の支配者が入手し、墓に副葬するという方式も定着する。墳墓形式だけでなく、権威の象徴となる器物も大きくまとまってゆくのである。

†朝鮮半島と鉄器の象徴性

墓の副葬品からみたときに、紀元前一世紀〜紀元後二世紀の朝鮮半島南部で重視された器物は、中国系の文物のほかに鉄器と銅剣があった。

とくに大きな特色は、大量の鉄器副葬だ。慶州市舎羅里一三〇号墓（二世紀）は木棺墓であり、銅鏡・玉類・腕輪・帯金具、馬具・銅剣・鉄剣、鉄鍑など多様な副葬品のほか、棺の下に六一枚もの平たい板状鉄斧が敷き詰められていた【図4-4】。同じく慶州市の九政洞二号墓では、二六本もの鉄矛が被葬者の近くに置かれていた。双方とも柄は付いてい

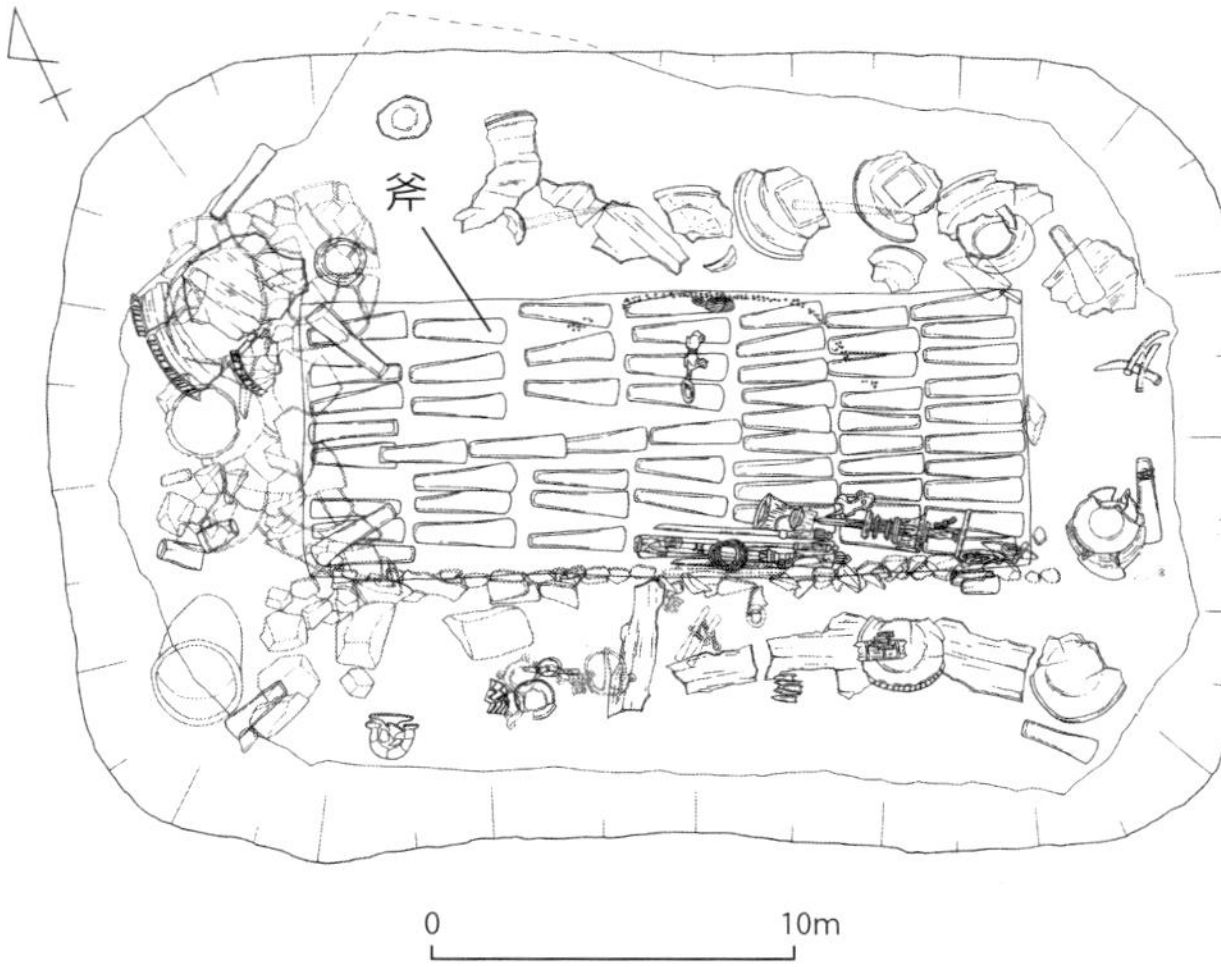

図 4-4　鉄斧の大量副葬　韓国慶州市舎羅里 130 号墓

ない。被葬者に接する位置に大量に配置したのは、倭の銅鏡配置と同じく呪術的な意図もうかがわれる。

板状鉄斧、鉄矛ともに大型化しており、実用性は乏しい。ただし非常に丁寧に作られていて、単に墓に納めるために製造されたのではない。こうした大量の鉄製品を「財」として副えることにも意義があったものとみられる。貴重品を大量に副葬する点と、それに呪術的な役割も込めて副葬品に用いた点とは、倭の銅鏡のあり方と似ている。倭の銅鏡は中国からもたらされた舶載品が中心であったが、朝鮮半島南東部では地元産の鉄製品が権威を示す器物とされた。

この時期の朝鮮半島南東部では、鉄器は実用以外の意味もあった。有棘鉄器と呼ばれる一部分を渦状に曲げて装飾状に加工し、杖の先に付けた製品がある。また馬具・鉄矛などの一部に渦状に巻いてつくられた装飾が多々みられる。鉄製品には装飾的な意味も込められていた。それは、朝鮮半島南東部が鉄素材や鉄器の一大生産地であったことと関係があろう。

倭の副葬品とのちがいとして、朝鮮半島南東部では、中国製の青銅容器の出土がややめだつことも再度触れておこう。これらは儀式に用いられるものであるが、今のところ倭の出土例はない。また中国製貨幣は双方の地域で出土するが、朝鮮半島南東部では墳墓の副葬品に用いた例が多い。倭では副葬例はなく、集落から出土している。器物としての貨幣の意義にもちがいがあった。

倭から朝鮮半島南部にもたらされた青銅製品には中広形・広形銅矛がある。倭では祭祀に用いられ、基本的に埋納されたが、朝鮮半島では副葬品として出土する。なお両者の中間地域の対馬では埋納品とともに、副葬品として出土した例もある。対馬のひとびとが対外交渉の場で使い分けをしていたのではないかとする説がある。

†交流とちがいと

四世紀の朝鮮半島南部には、倭との密接な交流を強く示す墳墓群がある。韓国金海市周辺に比定される金官加耶の墳墓群である。この地域の支配者層の墓である大成洞と良洞里の墳墓群の調査と研究が進み、めざましい成果をあげた。

なかでも日本の研究者の目を引いたのは、両墳墓群から出土した豊富な「倭系遺物」だ【図4-5】。倭の前期古墳と同じ各種の銅製品、石製品が出土しているのだ。倭と距離は

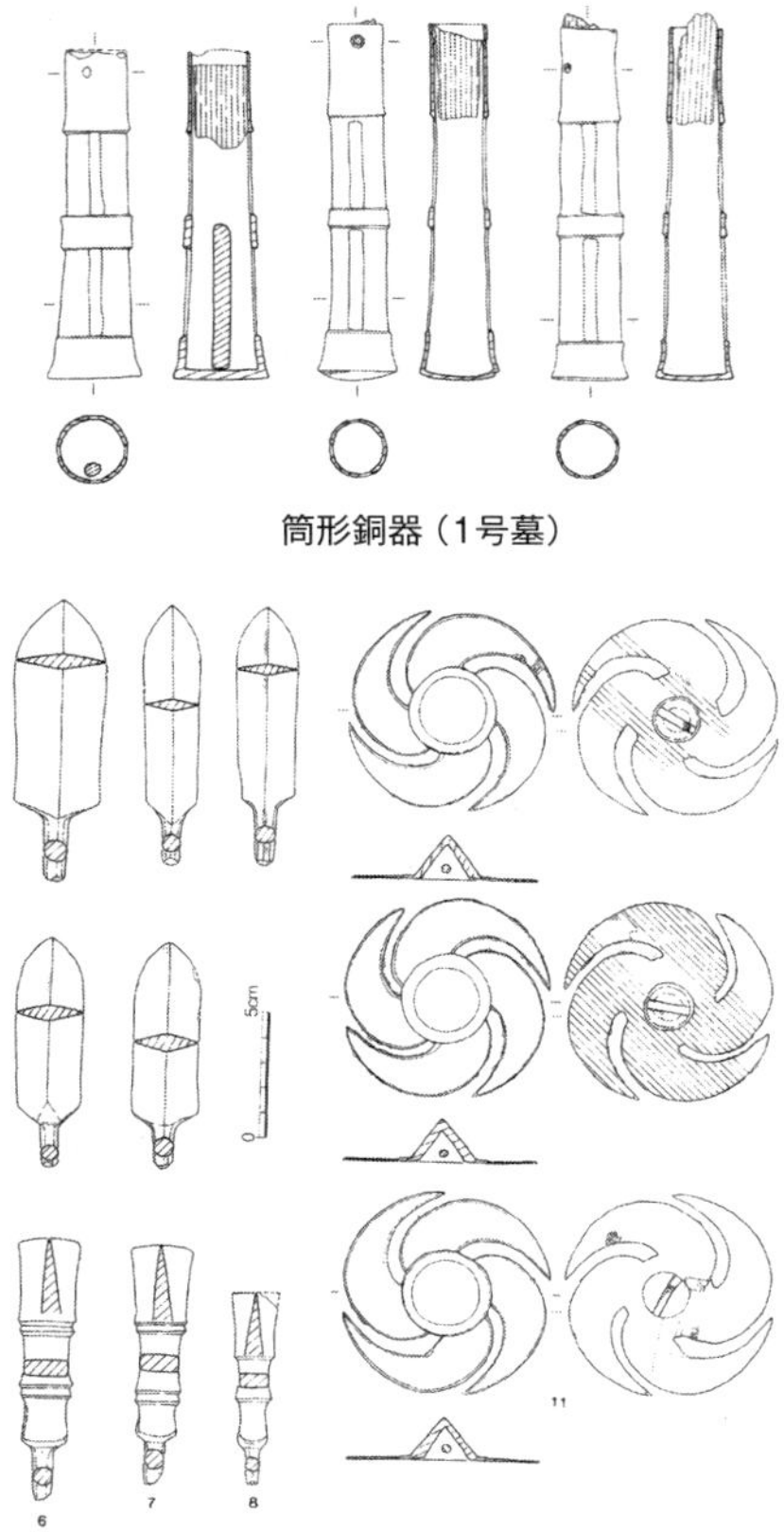

図 4-5　大成洞墳墓群出土の倭系遺物
韓国金海市

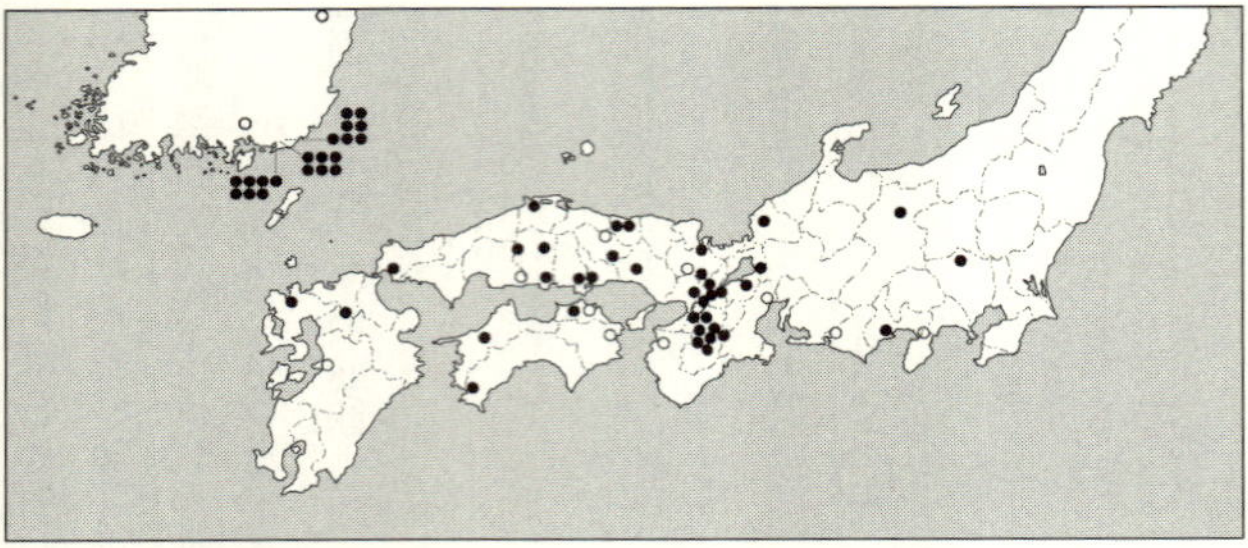

図 4-6　筒形銅器分布図〔岩本崇氏作成〕

近いし、縄文・弥生時代から交流は盛んな地域であるが、重要なのは支配者の墓に共通する器物が副葬されたことである。出土品のうち倭製の銅鏡や石製の鏃などは、まちがいなく倭からもたらされた品物だ。「つながり」を如実に感じさせる資料である。

問題となるのは筒形銅器と呼ばれる器物である【図4-5上部】。円筒形の中空品で透かし孔があり、一方の端は塞がっている。目釘の孔もあって、棒の端にさしこんで使用したものである。銅製の中子《なかご》も中に入っており、振れば音を発する機能もあった。出土状況から槍の石突説と、杖などの先端説などがあり、用途についてはよくわかっていない。

この筒形銅器は倭の前期古墳から大量に出土しており、以前は倭製品と考えられていた器物でもある。ところが金海地域の調査が進むにつれ、この地域でも多数副葬されていることが判明した。今では総出土数では倭の出土数と並ぶほどだ【図4-6】。そこで朝鮮半島製という説も提出され、研究者間で意見が分かれている。倭・韓どちらの製品であるとしても、四世紀における両地域の深いつながりを強く示す器物だ。

私が注目したいのは、加耶の墳墓から筒形銅器が大量に出土しているのに対し、他の種類の倭系遺物の出土数が決して多いとはいえない点だ。四世紀の倭の古墳の主要な副葬品は、銅鏡や腕輪形石製品である。これらの器物も加耶の墳墓からの出土例はあるが、筒形銅器と比べると極めて少量にすぎない。

共通の器物の出土は支配者層間での交流の深さを物語る。その一方、重視する器物の種類まで共有したわけではない。二つの渦巻は深く接触しても、それぞれ独自に回転していたのである。

†規模と量の表示

三世紀中ごろ以降の倭の権威表示方式には特徴がある。それは「規模」や「量」により、階層的な差異を付ける傾向が強いことだ(松木武彦さんほか)。

古墳の規模には超大型から小型まで各種ある。副葬品の品目や数にも段階的な差があり、それによって階層が形成される。三〜四世紀の古墳に副葬された銅鏡の数をみると、三〇面を超える数の副葬がトップクラスであり、一〇面以上がアッパー、数面がアッパーミドル、一面がミドルアッパーというように階層差がある（大多数の庶民は銅鏡を所有できなかった）。なお最近調査された奈良県桜井茶臼山古墳では、破片の状態での出土ではあるが、復元された副葬鏡数は八〇面以上とされている。これは大王など最高ランク級の人物の副葬面数を示すものであろう。

私のように倭の古墳に見慣れていると、このように整然とした序列の存在が当たり前のことのように思い込んでしまうが、他地域の墳墓と比較すると倭の特色であることに気づく。第一章で紹介した「前方後円墳体制論」も、古墳の形や規模がそうしたピラミッド状の階層性をなすという特性に着目した論である。

注目すべきは、その階層性の幅が広いことだ。墳丘の規模に四〇〇メートルを越えるものから一〇メートル以下まで極端な差があるからこそ、階層的なちがいが明確にできるのである。銅鏡のように同じ種類の器物を副葬品に用い、その副葬数に大きなちがいがあるので、序列が成り立つ。

前章で紹介した朝鮮半島の王墓なども、もちろん墳丘の規模は大きい。また五世紀の新羅の墳墓では、墳丘の規模のちがいに応じて副葬品のレベルや量にランクのあったことが確かめられている。冠の材質（金製―銀製―金銅製）などがその例だ。当然王墓は規模・

内容ともに図抜けている。しかし、相対的に見て倭の古墳の方がちがいの幅は大きいように思う。

よくいわれることではあるが、倭の墳墓における階層差は、規模や量の差であって、決定的な「質」のちがいによるところは少ない。大王のみは別形式の墳墓に葬られるとか、最上位層の墓にはそれ以下の墓には副葬されない特別な器物がある、といった「質」の差は確認されていない。ファラオのみが巨大なピラミッドを築きえたのとは事情が異なる。

倭の大王墓は、規模は図抜けて大きいものの、前方後円墳という墳丘のかたちは同じだ。先の桜井茶臼山古墳や継体大王陵とされる今城塚古墳においても、同時期の古墳の中でナンバーワンであることは疑いがないが、オンリーワンの要素はめだたない。

こうしたありさまは、倭の大王の地位が完全に独立・確立していなかったという王権の状況とも関係するのだろう。しかし、それだけでなく、一定の決まりごとに沿った墳形と規模、副葬品の種類といった仕組みを「共有」することに意義があったのではないだろうか。それは、倭における墳墓の社会的役割によるものとみる。

2　墳墓と思想

東アジア各地のちがいをもっとも強く感じさせるのは、墳墓の役割である。社会の階層化、支配者の出現と並行して墓の規模が増大するという傾向は同じだ。しかし、墓としての構造や、死者を埋葬する以外の機能という点に顕著な差異がある。資料の豊富な中国漢代の墳墓の特徴をもう一度確認し、それと比較するかたちで、そのちがいをみてゆくことにしよう。

†中国の墳墓と社会

皇帝陵を中心とした中国の墳墓の歴史をみると、墓が果たした政治・社会的役割の大きさにあらためて気づかされる。亡骸の安置場所であるとともに、霊が現世と同じ生活をおくるための居場所であり、さらに祖先の霊が子孫の継続と繁栄を見守り、補助する場所でもあった。そして墳墓や、別に設けられた廟などを場として、死者の世界と現実の社会や政治が強く結びついていたのである。

墳墓の役割と墓の構造とが明確に対応することも特徴だ。宮殿や居宅を意識した墓室・

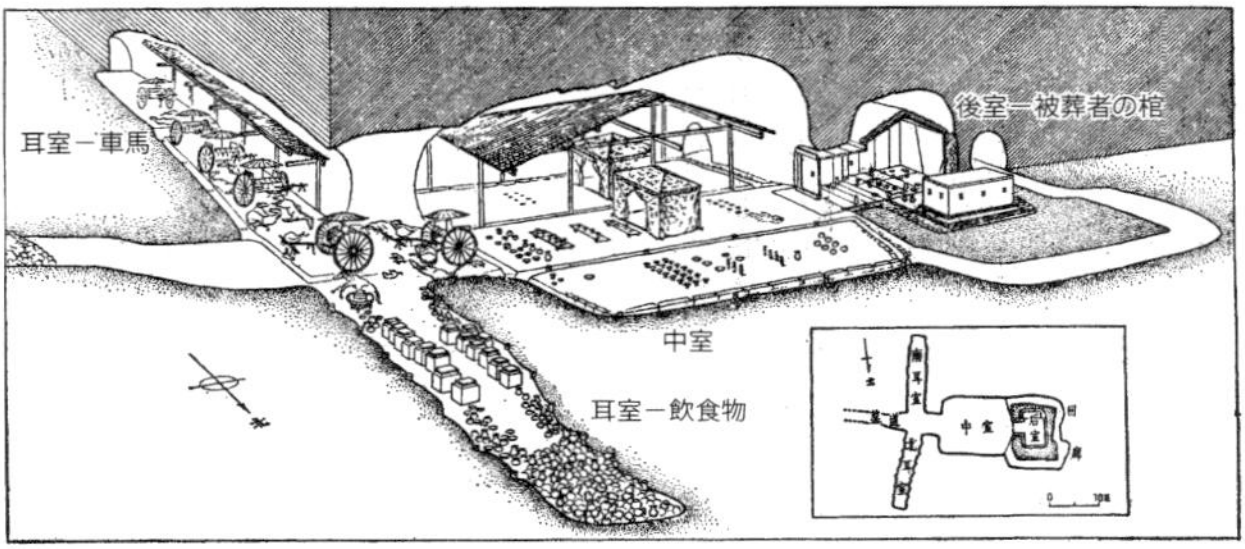

図 4-7　満城漢墓復元図　中国河北省保定市

建造物が設けられ、皇帝陵では、機能の異なる大規模な建造物をそろえ、それらを一体のものとして組み合わせて利用していた。

中央に位置する墳丘もさまざまな役割を担っていた。その巨大さによって皇帝や王の権威を示すシンボル的な意味はもちろんあった。それに加えて祖先の存在を示し続けるという役割も重要だ。前漢皇帝陵は未央宮から眺望ができた。宮殿での政治は、代々の皇帝の霊から見守られていることを意識しながら進められたのである。

邸宅の意識

中国の墳墓が邸宅や宮殿をかたどったものであることは、墓室の構造や装飾によくあらわれている。家屋を意識した形式や装飾はきわめて多い。わかりやすい例として前漢代の河北省保定市満城漢墓を紹介しよう【図4-7】。

満城漢墓は、石灰岩の山をトンネル状に刳りぬいて墓室を設けた、崖洞墓と呼ばれる形式の墓である。未盗掘の状態で二基の崖洞墓が発掘され、巨大な規模や豊富な副葬品の内容から、漢の武帝の異母兄である中山靖王劉勝とその妻の墓と判断された。両者とも墓の構造はほぼ共通する。王侯クラスの墓が良好な保存状態で調査された例として大変貴重だ。

複数の墓室やそこに置かれた副葬品の様子をみると、まさに邸宅を模したつくりとなっていることがわかる。一番奥の後室は玉衣をまとった亡骸が置かれていた場所で、石板を組み合わせて家屋が形作られており、主の居室にあたる。中央の大きな室は、中に瓦葺屋根をもつ建造物をつくり、帳《とばり》を設けて主の座するところとし、その前には食器が並べてある。これは主が執務、宴や儀式などをおこなう公務の場所である。その前には馬車が置いてあり、主の出立に備える。「耳室」と呼ばれる左右の脇に伸びる細長い空間は厩と倉庫であり、車馬や食糧を納める。日常生活の空間とそれに必要な物品、公的な空間とそれに必要な設備をくまなく揃える。徐州市の崖洞墓では、岩を刳りぬいて、室内に井戸やトイレまで作りだしたものもある。死者の霊はここで生前と同じ活動をすることができる仕組みだ。

前漢時代には、こうした横穴式の墳墓が増えてゆく。つくり方にはいろいろな方式があり、崖洞墓のほかに、地下をトンネル状に掘った洞室墓、塼《せん》を積み上げて部屋や通路を設

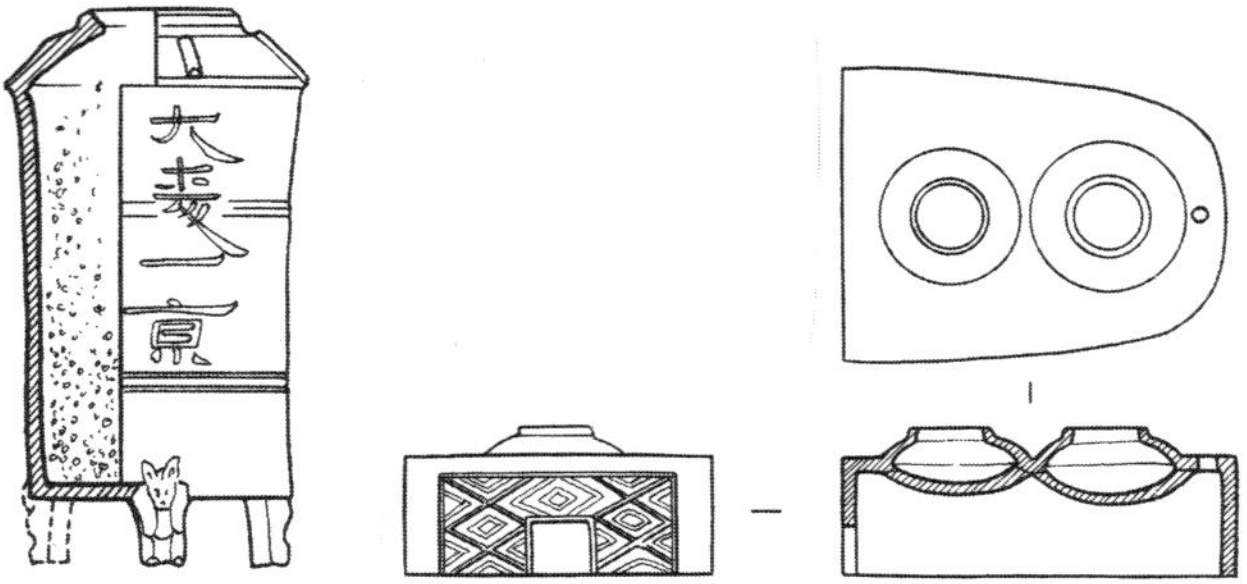

図4-8　倉とカマドの明器　中国西安市東漢墓

けた塼室墓などがある。いずれも居宅空間状に墓室をつくっていることが明白だ。前代の竪穴系の木槨なども、表現方法は異なるものの居宅をかたどっていた可能性が高い。また六朝期以降は、こうした複数の室ではなく、皇帝陵でも単室の墓が中心となってゆくが、やはり居宅を意識した表現が随処に残る。

墓の構造だけではない。日常生活に関わる設備を模した「明器」と呼ばれる陶器が副葬された【図4-8】。前漢期からは倉庫などの建物、井戸、カマドなどの住居設備に関わる明器が普及する。それとともに、漢代以前から続く風習ではあるが、いろいろな飲食物を納めた壺や甕などの陶器も数多く出土する。地上とできる限り同じ生活空間を地下につくり、とくに飲食に不足がないように工夫し、死後も現世と同じ生活をおくることを願ったのである。

†墳墓と一族

山東省嘉祥県武氏墓群は、多彩な画像を描いた後漢代の画像石が出土したことで有名だ。古代の帝王、英雄や貞女、神話など漢代の絵画資料の宝庫である【図4-9】。漢代の信仰を研究する上でも重要な資料である。

古くに掘りだされたもので石材がバラバラの状態で残されているが、研究の結果、三つの祠堂が復元された。この祠堂は板石を組み合わせ、上部には屋根を付け、建造物として墳墓の前に設置し、祭祀堂としたものである。同じ山東省の朱鮪墓は、祠堂がよく残っており、こうした建造物が墳丘の前面に建てられていたことがよくわかる【図4-10】。

祠堂の内面には各種の図像を表現する。これらの祠堂は石造りであるため今日まで残ったのであるが、木造で板壁や壁土などに壁画を施した建物も数多くあったにちがいない。武氏墓群では墳墓建立の事情を記した題記もあり、それにより四人の息子とその母など四代にわたる一族の墓と祠堂であることがわかっている。

一族がこの祠堂に集まって先祖の霊を祀る際に、こうした絵画は活用されたのであろう。絵画に表された忠臣や孝子・貞女になぞらえて祖先をたたえ、その徳を継承し、一族の結束を再確認したのであろう。後漢代には、血縁集団の継承に利用する装置としての墳墓の

図 4-9　祠堂の壁画　中国山東省嘉祥県武氏祠

図 4-10　墳丘・墓室と祠堂
中国山東省金郷県朱鮪墓

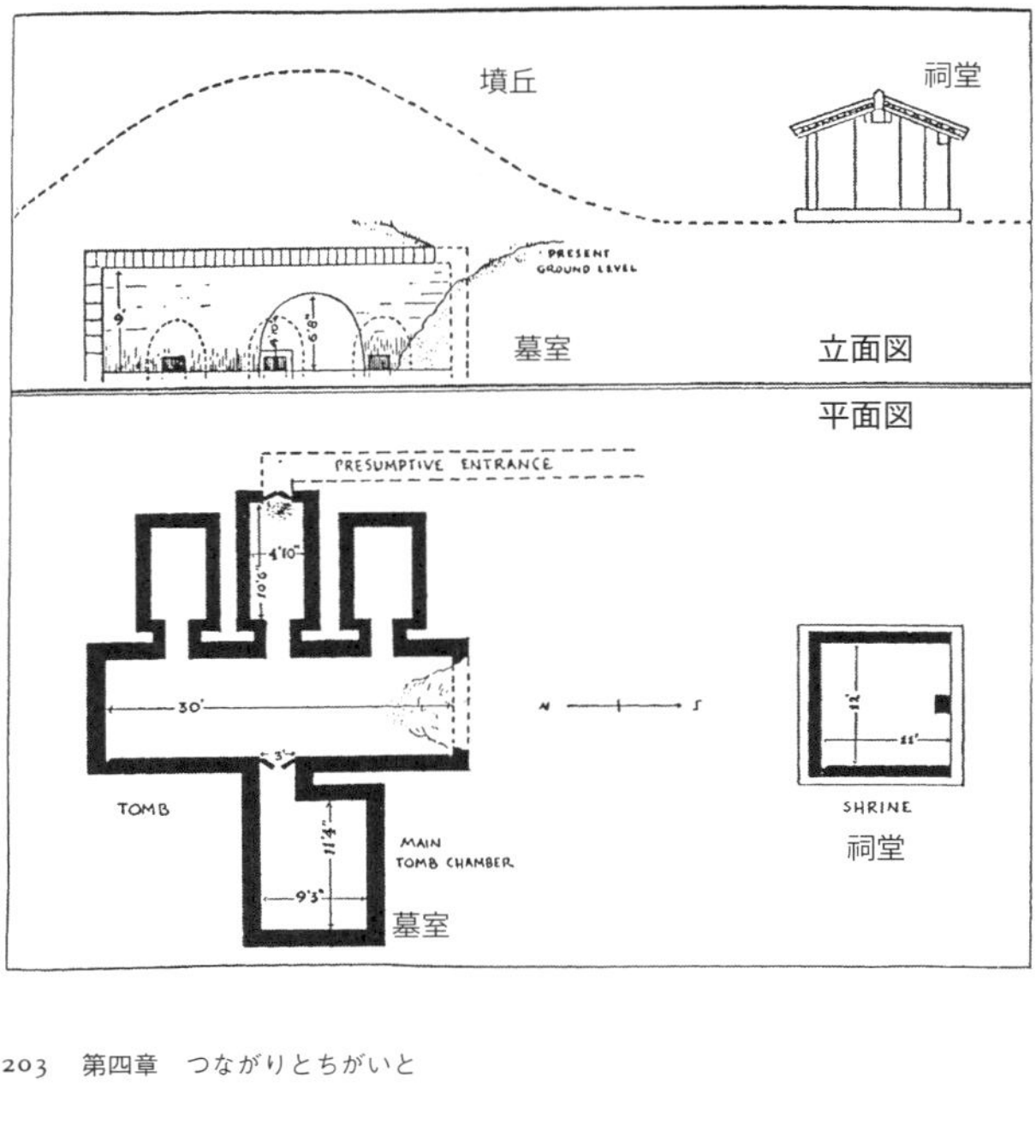

役割が広い階層に普及していた。

†漢墓体験

ここで、私が訪れることができた四川省宜賓市黄傘崖墓という後漢代の墓に入ってみて、墓の特徴を体験しながら、当時の埋葬観念について考えてみよう【図4-11・12】。葬られた人物の名は明らかでないが、富裕な庶民層と推定される。墳丘をもたない崖墓という形式は四川で流行したものであるが、やはり居宅を意識したつくりが各所にみられる。

この崖墓は岷江という川沿いにある崖に穿たれたものである。その入口上部の崖面には、瓦屋根や柱など家屋であることを示す装飾が浮彫で表現され、その姿を対岸からもみることができる。渡し船に乗って川をわたって近づくと、彫刻表現の精妙さが次第にはっきりとしてくる。

崖をよじのぼると、入口部分には広間が設けられており、天井を支える柱も彫りだしてある。この広間から三つの長いトンネル(崖洞)が掘られ、遺骸はその中に納められた。崖洞のひとつに頭をかがめてもぐりこんでみる。狭い通路を通ってゆくと、やがて小さな部屋にたどり着く。脇にはカマドが造形されており、家屋内部を模していることがわかる。飲食はやはりもっとも重要な要素だ。なお漢代にはカマドの神を祭る信仰が発達しており、

図 4-11　漢代の崖墓　中国四川省宜賓市黄傘崖墓　柱で支えられた屋根に瓦を表現する。

図 4-12　崖墓の内部　中国四川省宜賓市黄傘崖墓　岩を刳りぬいてつくられた。

図4-13　夫婦の像　中国四川省宜賓市黄傘崖墓

そうした信仰とも関連するのかもしれない。

奥室には壁に沿って寝台のような凹みがいくつか設けられている。ここに死者は安置された。寝台は複数あり、夫婦や一族の者を一部屋にいっしょに葬ったのだろう。

遺骸や副葬品は過去にすっかり持ちだされていて現状ではカラッポだ。しかし本来は死者に供える飲食物を納めた陶器、主の生活を支えた従者たちを粘土でかたどった人物俑など、日常生活に関係した多くの副葬品で満ち溢れていたはずだ。もちろん明かりがなければまったくの暗黒空間、死者の世界ではあるが、そのように想像するとなんとなく「温かみ」を感じるのは気のせいだろうか。

再び明るい広間にもどって、軒先の上をみると、仲むつまじい男女の浮彫像が目にはいる【図4-13】。これらの墓が夫婦を中心とした一族の墓であることを実感できる。この広間では、一族やその祖先の霊を祀る祭礼が定期的におこなわれたのだろう。

血縁を重んじ、祖先から続く生命の系譜を尊んで祭礼を怠らないことは、儒教の基本である。それが社会や支配体制の秩序をかたちづくり、維持をはかる仕組みとして活用された。しかし、こうした墓のありさまからは、教義をこえて、生と死の観念の根本的な部分にまで、「家」を中心とする意識が行き渡っていたことがわかる。

†中国の墳墓の特徴

皇帝陵に限らず、それ以下の位の人々の墳墓にも共通した観念の存在が認められる。それは死者の世界と現世とがつながっており、それが墳墓の形式や祖先祭祀などに明確に反映していることだ。墳墓が帝位や地位の継承、一族の維持など社会的機能に重要な役割を果たす点もその特色である。

死者は来世で現世と同様の生活をおくるのであり、そのために墓室は生活空間を意識してつくられた。死者の遺骸と霊を区別して扱う場合は、それぞれに居室が必要で、飲食もともなう。始皇帝陵をはじめとする皇帝陵のような場合は、侍者が実際に飲食や生活の世話を毎日おこなう。そのための建物が必要となる。小規模な墳墓の場合は、生活施設・道具を模した明器をいっしょに埋めて代用する。もちろん飲食物自体も陶器に入れて副葬する。

墓は生者のための施設でもある。祖霊は墓や廟にあって子孫を守護し、また占いなどを通じてその意志を伝えた。もっとも大切なのは、帝位や族長をはじめとした地位の継承に権威づけをおこなうことである。

廟や祠堂での祭祀、祖先の崇拝を通じ、一族の結束を確認することも重要であった。代々の祖霊を一箇所の宗廟に集めて、墳墓とは離れた場所で一括して祭祀をおこなう場合と、墳墓のそれぞれに廟を設ける場合とがあるが、目的とするところは同じだ。

王朝や一族が滅亡すれば、このシステムは崩壊し、墓所も放棄されただろう。王朝の簒奪者が前王朝の帝陵を破壊して略奪をおこなうのは、金品目当てでもあるが、祖霊に護られた仕組みを断ち切ることにも意味があったのかもしれない。

このように政治や社会の仕組みと関わる、墳墓の永続的な機能を強く意識していることが重要である。墓室を居宅にみたてた装飾は、はるか後代まで継続する【本章扉写真】。死生観や墓の社会的役割と墳墓の形式が深く結びつき、それは長く継承されたのである。

†死霊への怖れ

祖霊の尊重と表裏一体ではあるが、後漢代には死に対する別の観念も顕著になる。それ

図 4-14　鎮墓瓶　中国河南省三門峡市霊宝張湾

は祖霊や死者に対する「怖れ」である。
現世に生きるひとびとに「たたり」をもたらす存在として、祖霊を怖れる信仰は殷代から存在した。王墓において、多数の供物や人間の犠牲まで用意して手厚い埋葬をおこなったのは、祖霊となった死者を慰撫する意味があったという説もある。

鎮墓瓶と呼ばれる、陶器に呪符を記した出土品は、後漢代のそうした思潮を物語る資料として注目されている【図4-14】。洛陽や長安周辺の後漢代後半の墓からの出土品だ。

意味内容について解釈が分かれる部分も少なくないのであるが、おおまかにいえば、天帝に対し、死者の安寧や冥府での特別な取り扱いを願い、安らかに祖霊世界に帰属してゆくことを祈願するものだ。死後も霊がこの世にとどまり、生者、とくに近親者と交わることはさまざまな災厄をもたらす。天帝の使者たる呪術者が、その要因を取り除くための呪具のひとつが鎮墓瓶であり、ほかにも仙薬や呪符などが用いられた。

この鎮墓瓶の呪文は、もうひとつ注目すべき内容をふくむ。死者が生者をも巻き込んで災厄を引き起こす原因には、現世で積み重ねられた「罪（摘）」があるというのだ。これを払うのも鎮墓瓶を用いた儀式の重要な役割だった。仏教の「因果応報」にも通ずる考え方だ。

こうした思潮の変化の背景に、後漢末の社会混乱によって個人の不安意識が増大したとみる説もある。後漢末から三国時代にかけて中国の墓制は変貌するが、そうした社会意識の変化の影響も大きい。

†朝鮮半島への影響

中国式の墓制や死生観念は、すくなくとも高句麗の王墓には影響を与えた可能性が高い。細かい比較はむずかしいが、陵園を備えた王墓があり、居宅を意識した柱などを壁画や彫刻で表現した例が認められる。広開土王碑文にみられる「陵戸」の存在も、陵邑の縮小版であろうか。

百済や新羅の墳墓に関しては、こうした比較はむずかしい。ただ王都の近くに築かれた王墓に関しては、文献記載などを総合すると、廟で祖先祭祀をおこなっていた可能性は高い。

総じていえば、墳墓が死者のための施設にとどまらず、祖霊に対する祭祀とそのための設備により、生者の世界と恒常的に結びついていたことに特徴がある。ところが、倭では大きく異なる方向に墳墓が進化する。

3　倭の墳墓

†墳丘へのこだわり

私が倭の古墳のもっとも大きな特徴と考えるのは、墳丘に対する独特の「こだわり」である。前方後円墳という奇妙な形を採用し、かつ三百年近くも継承し続けた。他地域では方墳や円墳といった単純な形がほとんどであることと比較すると、倭においては墳丘が特別な意味をもっていたといえる。

中国の秦漢代の墳墓やその影響を受けた高句麗の王墓では、墳丘は陵園の中に築かれたのであり、墓を構成する要素のひとつであった。倭の王墓では今のところ、そうした施設は確認されていない。

中国の陵園は、亡き王の祭祀を継続してゆくための重要施設だ。後漢代では、庶民の墓でも代々の墓を一定の敷地内に築き、定期的に祭祀・儀礼をおこなっている。百済や新羅でも同じ場所に代々の王や一族の墓が継続して築かれており、祖先祭祀がおこなわれていた。

倭でも「大王墓系列」、「首長墓系列」と呼ばれるが、何代かにわたってある地域に支配者の墓を続いて築く風習はあった。しかし、それらをまとめ、祖先として祭祀・儀礼をおこなった跡はみつかっていない。あるいは墳墓とは別の場所に設けられていたのであろうか。祖霊祭祀は、宮殿や居館でおこなわれたとみる説がある。

変なたとえかもしれないが、墳丘の部分は城でいえば天守閣にあたる。天守閣は城の中心であり、支配者の権威を示すものであり、象徴的な建造物でもある。だが城にともなう施設は天守閣だけではなく、さまざまな用途の建造物と一体になって機能するものだ。倭の古墳は、この天守閣という象徴施設だけを独立させたかのようにみえる。

四〇〇メートルを越えるような超巨大墳墓が築かれたことも、墳丘に対するこだわりのあらわれである。平面的な大きさだけをみれば始皇帝陵に匹敵し、朝鮮半島の墳墓を凌駕する巨大な墳丘は、倭が他地域とは異なるところにエネルギーを費やしたことを物語る。

一定以上の規模の墳墓は、墳丘の表面を葺石で覆い、埴輪が立ち並ぶ。墳丘自体の装飾にも力を入れる。墳丘の直接的な外見が重視されたことを示す。後で触れるように、古墳の墳丘は「見られる」存在であった。

被葬者を納めた埋葬施設の位置も重要だ。倭では埋葬施設が墳丘の上部に位置する。墳丘を積み上げた後、古墳時代の前半期は、上から穴を掘って埋葬をおこなった。埋葬の時点で墳丘の形がほぼできあがっているのが特徴である。中国の墓では墓室は地下に設けるのが基本であり、墳丘はその上を覆うような位置にある。人を葬ってから墳丘の大部分を築いたのである。四〜五世紀の新羅や加耶の墳墓も埋葬が終わってから墳丘の構築をおこなう例が多い。

人の埋葬という一番重要な段階において、墳丘が形成されていたのかどうかという点は墳丘のもつ意味のちがいにつながる（吉井秀夫さん）。また陵園を備えているかどうかも、墓の中での墳丘の役割と直結する（西谷正さん）。倭においては、墓の諸要素の中でも墳丘の意義が極端に大きかったということができる。

†継続性の弱さ

こうした築造時に費やされたエネルギーとは対照的に、埋葬の終了後、古墳が継続的に利用された形跡はとぼしい。後世の遺物が出土する例も少数あるが、長期にわたる使用を示すものではない。

葺石や埴輪は風雨には弱いだろう。日本の気候では、流出した土砂の上にすぐに草木が生え、今見るような自然の山のような姿に変貌するのに時間はあまりかからなかったのではないか。そうした経年変化に対し、徹底的なケアをおこなったようでもなさそうだ。雑草の排除は大変な手間がかかる。現在でも当時の姿に古墳を復元整備する際、メンテナンスにかかる労力が一番の問題となる。

墳墓の意義の継続性という問題に関して強い印象を与える例は、奈良市の平城宮跡の調査でみつかった前方後円墳削平の痕跡だ。この平城宮の北方には佐紀古墳群と呼ばれている四世紀代の大王墓群がある。そのうちの市庭古墳（平城天皇陵と指定）は円墳と考えられていた。ところが昭和三八年の発掘調査により、実は平城宮造営の際に前方部が削られてしまったもので、本来は墳長二五三メートルもある大型前方後円墳であったことが判明した。

市庭古墳と平城宮とでは三百年近くの年代差がある。大型前方後円墳を築く風習が絶えて久しい時期の、都城造営という国家事業にともなう工事ではある。しかし王権の祖の墳墓という意識や祖先祭祀が多少なりとも継続していたなら、このような破壊行為は考えられない。中国の皇帝陵では絶対にありえない行為だ。

そもそも倭では「古墳の時代」が廃れてしまう点も、他地域と大きく異なるところである。前方後円墳の時代以後、八世紀に至るまで、規模は縮小しながらもしばらくは墳丘をもつ「古墳」が造り続けられた後、ほぼ消滅する。朝鮮半島では統一新羅や高麗時代、朝鮮時代と墳丘をもつ王墓が造られ、社会的機能が続いたこととは対照的だ。朝鮮王朝時代の王陵は中国からの新たな影響を受けたものであるが、宮殿から離れたソウル郊外に築かれ、陵園をともなう。また王宮の近くには宗廟も設けられていた。

王朝や一族が続く限り祖先祭祀を繰り返し、利用し続けた中国式の墳墓では継続性がもっとも重要であった。また先にも紹介したように、居宅や宮殿を意識した墳墓形式も長く継承される。墳墓が社会制度や信仰と密接に結びついていたからこそ、こうした長期継続が成立したのである。このようにみると、倭の古墳の役割、とくに前方後円墳の墳丘には、東アジアの他地域とは異なる意味があったのではないか、という考えに行きつく。

†墳丘のもつ意味

倭で独自の形式の墳墓が発達した背景を理解するためには、「墳丘」が当時のひとびとにとって何を意味したのかという課題に答えることが不可欠だ。

これに対して、単に前方後円という平面形だけが問題ではないことは理解いただけただろう。他地域の墳墓と比べてみると、墳墓や関連施設がどのような目的で設けられ、それらがどのように利用され、さらに社会の中でどのような役割を果たしたのかという点が重要なのだ。
しかし、そうした点も踏まえて、前方後円というかたちに対する当時のひとびとの意味づけを追求することの重要性に変わりはない。現段階で十分な材料を提出して、多くのひとびとを納得させるような説明ができるわけではないが、ここで私なりの挑戦をしてみよう。

考古学では、前方後円というかたちが何に由来するのかという問題自体はほぼ解決している。この前方部は、弥生時代の円丘墓に付けられた陸橋に起源がある。それが外と切り離されて「橋」としての機能を失う。さらに楯築墓の突出部にもみられるように独特の発達をとげ、大型化して前方部となったとみるのが通説だ。こうした変化は、不思議なことに弥生時代終末期にいくつかの地域の異なる墳墓形式で同時進行したようだ。

墳形の由来は説明が付くにしても、なぜそのように極端に大型化したのか、さらに完成された前方後円形がどのような意味をもっていたのかは別問題である。もちろん大和を中心とする王権の象徴とみるのが一般的な考えではあるが、どのような具体的意味をもつシンボルであったかは説明されていない。

私は、前方後円墳だけをとりあげていても、なかなか議論を前には進められないと思う。それよりも、前方後円墳が消滅した後の時代の大王・天皇の王墓に採用された墳形に注目したい。

奈良県桜井市にある段ノ塚古墳は、現在は舒明天皇陵に指定されているが、七世紀に最初に登場した八角形墳で、大王墓だ【図4-15】。正確には、正面に短い辺がついており、九角形状を呈する。裾の辺と対応する辺との間は四二メートルもある大型の墳墓だ。墳丘の前面には段状の施設も附属する。

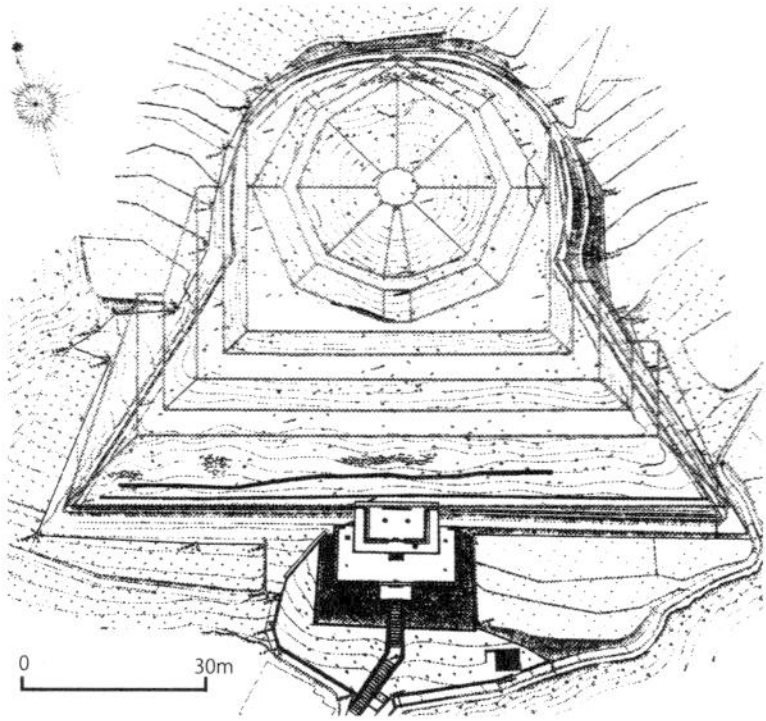

図4-15　八角形墳　奈良県桜井市舒明陵（段ノ塚）古墳

この八角形墳もまた、前方後円墳と同じように独特のかたちをもつ巨大墳墓として「出現」したものである。今のところ朝鮮半島や中国の墳墓では確認されておらず、倭が独自に採用した墳形と考えざるをえない。埴輪は消失しているが、葺石を施し、段築を備えるものもある。

八角形墳以前は、用明陵古墳、推古陵古墳のように大王墓には方墳が用いられた。蘇我馬子の墓ではないかとみる説も有力な飛鳥の石舞台古墳も方墳だ。つまり大王ほか有力者の墓は、前方後円形―方形―八角形と推移するのである。

かたちは変化するものの、墳丘重視の性格は続いている。とすれば、そこには、なにか共通する性格が継承されたとみるべきではないだろうか。

　前方後円形に比べれば、八角形のもつ意味は説明しやすい。八方はあらゆる方向を示し、世界の広がりを示すものである。古い中国の文献には、「八方」「八紘」という世界の広がりを表現する言葉も登場する（『淮南子』墜形訓ほか）。『万葉集』では「大王」の枕詞として「八《や》隅《すみ》知《し》之《し》」を用いており、国土の支配を示す表現とされる。八角形墳も、すなわちひとつの「世界」を象徴したものとみることができる。

　八角形墳に至るまで、墳墓の墳丘に対する前代の思想が引き継がれた面があったとするなら、前方後円墳も、墳丘のかたちは何らかの「世界」観を意味していたと考えられないだろうか。この「世界」という言葉は誤解を招きやすい表現かもしれないが、古代中国のような世界全体の象徴とまでみる必要はない。当時のひとびとが意識した、一定範囲の「聖域」の広がりを示すものと限定してもよい。

　このように墳丘がひとつの世界を表現したものとするなら、そこに建築物など余計な施設が付属しない理由も明らかとなろう。それは聖なる領域として、独立した存在として扱われたのである。また継続して祭祀をおこなう場でもなかったわけである。

†観念の中でのかたち

墳丘のかたちのちがいや大きさの差は、被葬者がコントロールできる聖域のレベルや規模に対応し、地位や権力の高さや強さも投影する。もちろん王権によって一定程度規定されていたのであろう。

しかし被葬者の権力や地位を、他の古墳とのちがいによって直接に顕示するものであったのだろうか。墳形や大きさに秩序があったとして、問題となるのは、「誰」に対して、他の古墳とのちがいや秩序全体をみせたのかという点である。

古墳の研究者は、ある古墳の墳形や規模を他の古墳と比較し、被葬者の地位や力の差を論ずる。そうした直接的な比較は、墳丘の測量図や発掘の結果を図面にできる現代だからこそ可能な「天からの視点」である。天から直接に比較する方法をもちえない当時のひとびとにとって、墳形も規模も序列も観念の中でのかたちであったはずだ。

「天からの視点」を想定していたとすれば、直接に大きさやかたちを比較したのではなく、聖域としての序列を意識し、そこに秩序を形成したものとみることができる。

†見る古墳、見られる古墳

当時のひとびとはもちろん「天からの視点」のみ、古墳を「見て」いたわけではない。大型古墳の墳丘は単なる土盛ではなく、段があり、斜面には葺石が施され、埴輪をめぐらす。これらは「外表施設」と呼ばれており、地上から見た時に視覚的効果をもつ。もちろん墳丘の大きさや高まりも地上で認識できる要素である。

古墳の立地も重要だ。倭の古墳、とくに三〜四世紀の前期古墳は、しばしば山の上など高所に築かれるのが特徴である【図4-16】。当然のことながら石材や土砂の運搬などには大変な労力がかかる（発掘も大変だ）。

単に高いというだけでなく、たいてい見晴らしがよい場所が選ばれている。墳丘の頂部、被葬者の視点に立つと、支配領域や道・川・海など重要な交通路を一望のもとに見わたすことができる。一方、ふもとの平地からは、どこからでも常に仰ぎ見るかたちになる。どちらかの効果に限定されるのではなく、古墳から被葬者が「見る」ことと、その一族や支配下のひとびとから「見られる」ことの双方が意識されて築かれたのであろう。

こうした特徴を現在でも実感させてくれる古墳が、神戸市五色塚古墳である【図4-17】。墳長二〇〇メートルを越える兵庫県下最大の前方後円墳で、時代は四世紀に位置づけられ

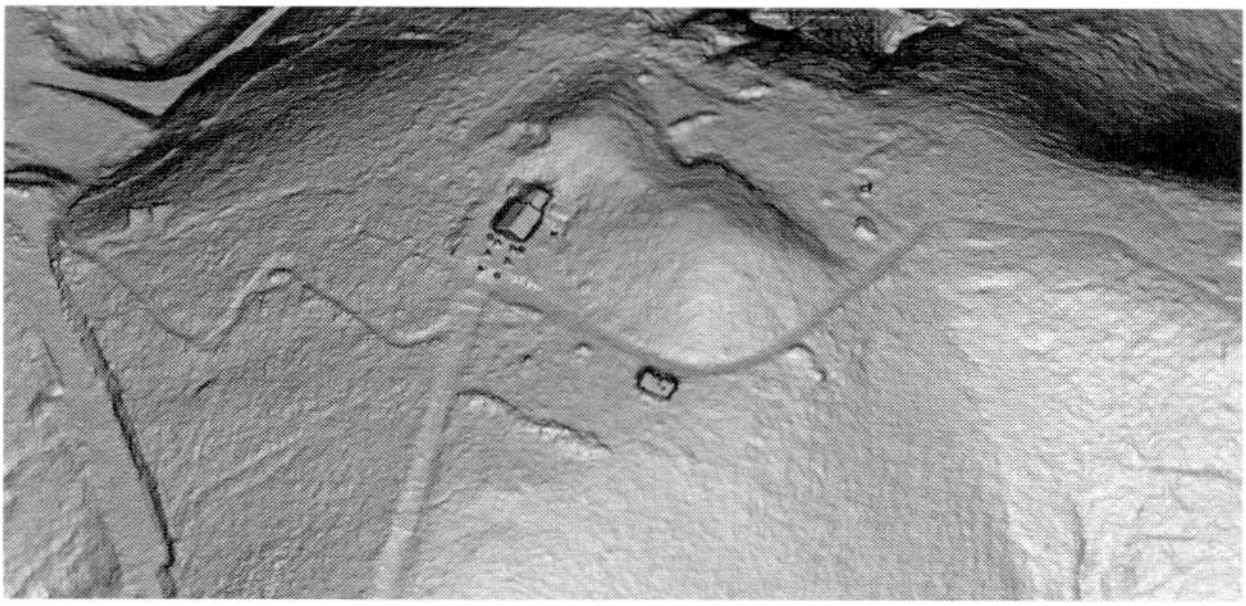

図4-16　山の上の古墳　レーザー三次元計測画像　愛知県犬山市東之宮古墳

る。今では各地で実施されているが、築造時の古墳の姿を示すために、本格的な復元整備がおこなわれた初期の例としても有名だ。葺石が露出ないし再現され、後円部頂の埴輪も模型で復元してある。築造当時は墳丘の各段に総計二二〇〇本もの埴輪が立ち並んでいた。

五色塚古墳の立地は畿内と西方を結ぶ交通路において、これ以上にない重要な場所である。瀬戸内海に面した丘陵上に位置し、すぐ近くに明石大橋が設けられているように、淡路島との間がもっとも狭い明石海峡をみおろす場所にある。ここから眺める瀬戸内海と淡路島の光景は絶景という言葉に尽きる。

逆に海の方から古墳を見ることもできる。九州と畿内とを往来する船はこの海峡を通る。私は学生時代、九州に行く時は安いフェリーを利用したが、夕暮れ時でも、西に進む船上からこの古墳を眺めるこ

図 4-17　見る古墳・見られる古墳　神戸市五色塚古墳

とができた。

また五色塚古墳の周囲には平地が少なく、陸路もこの丘陵の下を通らざるを得ない。現在も山陽電鉄、JR線、山陽道にあたる国道二号線など主要陸路は、いずれもこの古墳の前方部と海との間の狭い平地部分を通る。陸を行きかう者も、この古墳を見あげ、また見おろされる。

まわりには平地がないことから、一般の集落が存在したとは考えにくい。規模や埴輪の特徴などからも中央の王権と深い関わりをもつ古墳とみられ、被葬者は単なる地域の一支配者ではない。この「見る」「見られる」関係は、地域のひとびとだけではなく、海路・陸路を往来する各地のひとびとや半島や大陸からの渡来者との間でも結ばれたのであろう。

†独立した空間

韓国の南東部の墳墓を見学したときにとりわけ強く感じたことは、墳墓の密集性と継続性の強さである。

慶山市にある林堂墳墓群は、宅地開発などにより大規模な発掘調査がおこなわれた四～六世紀の墳墓群である。丘陵を覆いつくすように多数の墓が築かれ、長期間墓地として利用され続けた。

その中には副葬品が豊富で大型の明らかに支配者の墓もふくまれ、丘陵の頂部などの好立地に築かれている。墳墓間で埋葬施設の構造や大きさにもちがいがある。しかしながら倭の前方後円墳のように巨大な墳墓が独占するのではなく、相対的には規模の差が小さい墳墓も密集しており、ひとつの丘陵上にきわめて長い期間、作られつづけたのである。墳墓の系統性なども厳密に検討する必要があるが、地域の支配者を含む一族や臣下の墓の、長期間にわたる集団墓地のようにみえる。

前方後円墳出現以降の倭にも、群集墳と呼ばれる集団墓地がある。また前方後円墳の周囲に小規模な墳墓が密集して築かれたものもある。しかし支配者の墓の独立性、隔絶性はきわめて高い。

五色塚古墳もそうであるが、倭の大型・中型の古墳群の周囲では同時期の集落遺跡がみつかっていない例もめだつ。また大王墓や支配者の古墳の系譜が、しばしば移動することも確かめられている。居館やムラの近くに一族の墓を代々築いてゆくという、一般的な造墓活動にはみえない。高句麗・百済・新羅と異なり、王宮と大王墳との関係もはっきりしない。

発掘調査の進展に左右されるのでむずかしい問題ではある（地上に土盛がある古墳に比べ、完全に埋没している倭の居館や宮殿などの建物は発掘しないと発見されにくい）。しかし先の副葬品の特徴と合わせて、倭では墳墓が日常生活から独立した空間を形成していたものと考えられる。

【コラム⑤】誰と誰をいっしょに葬るか

歴史を学ぶことの効用のひとつは、異なる時代、異なる地域の社会のあり方を知ることにある。私たちは、どうしても現在の常識でもって世界をとらえがちだ。歴史を通じて、考え方の枠をいくらかなりとも広げることができる。そうはいっても、現代的な思考法から抜け出すことはなかなかむずかしい。

古墳時代の中期から普及する横穴式石室や横穴には、複数の人を埋葬するのが通例だ。本文中では中国の墓の家族性を強調したが、倭でもひとつの墓に複数の人物を葬る例はめずらしくはない。その中には人骨が残っていて、男女を葬ったことがわかる例もある。さらには石棺の中に二人の男女をいっしょに納めたものもある。

男女二人がいっしょに墓に納められたとなれば、夫婦とみたくなるのが人情であろう。あの世で仲良く暮らすことを望んだ、なかむつまじいカップルの姿を思い浮かべる人もいるかもしれない。

このイメージをひっくりかえしたのが、田中良之さんたちによる歯の形状の研究である。

歯の上部のかたちは遺伝によって継承される。出土人骨の歯冠の形状を細かく計測し、統計的な処理を加えると近親度をはかることができる。

二人が近い血縁関係にあるとわかっても、それが同世代の兄弟・姉妹なのか、親子なのかはわからない。そこで考古学の出番となる。墓での人骨の出土状況を詳しく考古学的に分析し、二人が同時に葬られたのであれば兄弟、一世代ほど離れていれば親子などと推定できる。

田中さんたちの研究によって、古墳時代の前半期は血の原理が優先し、ひとつの墓に納められた男女であっても「キョウダイ」関係の場合が多いことがわかった。夫婦であっても亡くなった後、妻は実家の方の墓にもどされたらしい。古墳時代の終わりごろに夫婦の埋葬が主体となるようだ。なお、古代にあっては近親婚が多くおこなわれていたので、その区別には注意を要する。

古墳時代の社会変動の中で「家族の関係」にも変化がおきていたことを示す貴重な研究だ。

4　けがれときよめ

†水に囲まれた世界

当時のひとびとが古墳という「空間」をどのように見ていたのか、垣間見せてくれる発掘資料が増加している。

奈良や大阪の天皇陵古墳を見たことのある方は御存じだと思うが、大型墳墓の多くが周濠と呼ばれる堀で囲まれている。現在では水を満々とたたえているが、これは近世に農業用水池として利用したためであり、本来はもう少し水位は浅かったようだ。

奈良県広陵町巣山古墳、大阪府藤井寺市津堂城山古墳では、この濠の中に島状の高まりが築かれていた。斜面は州浜のように小石で覆われており、そこには水鳥形埴輪が置かれる【図4-18】。兵庫県朝来市池田古墳では、墳丘くびれ部から張り出した「造り出し」という方形の高まりをもつ壇の周囲や墳丘への通路脇から多数の水鳥形埴輪が出土した。

さらに三重県松阪市宝塚一号墳では、前方後円墳のくびれ部、造り出しの脇から大型の精巧な船形埴輪が出土して話題になった【図4-19】。この部分には井泉形の埴輪もあった。巣山古墳の周濠からは文様を施した船材そのものが出土している。また兵庫県加古川市行者塚古墳では導水施設形埴輪と呼ばれる、水を流して浄水を得る祭祀施設を模した埴輪がくびれ部の位置に置かれていた。

これらの発見により、古墳の周濠が水をたたえた池や海などを意識したものであること、墳丘の境を州浜のような場所とみていたことがわかったのである。墳丘は水に囲まれた世界の「陸」にあたり、その高まりは「山」であったのだろう。

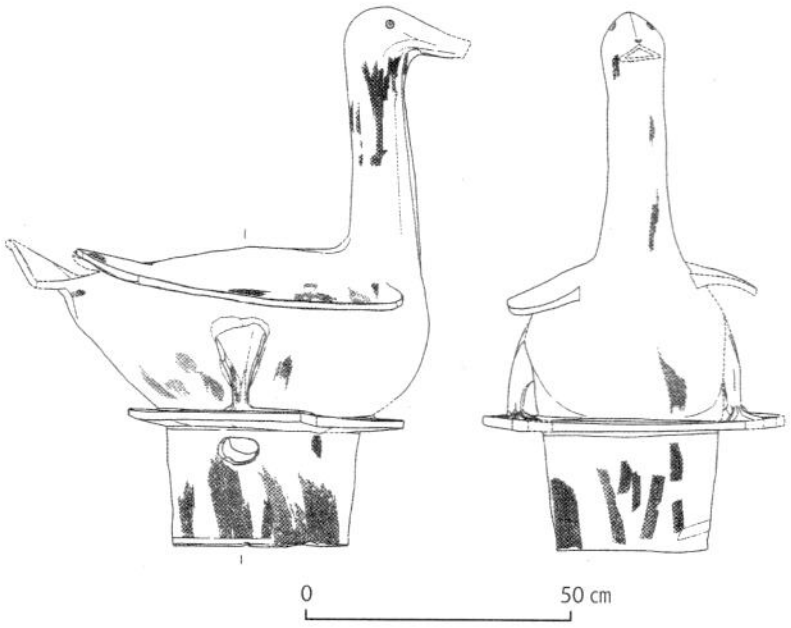

図4-18　水鳥形埴輪　大阪府藤井寺市津堂城山古墳

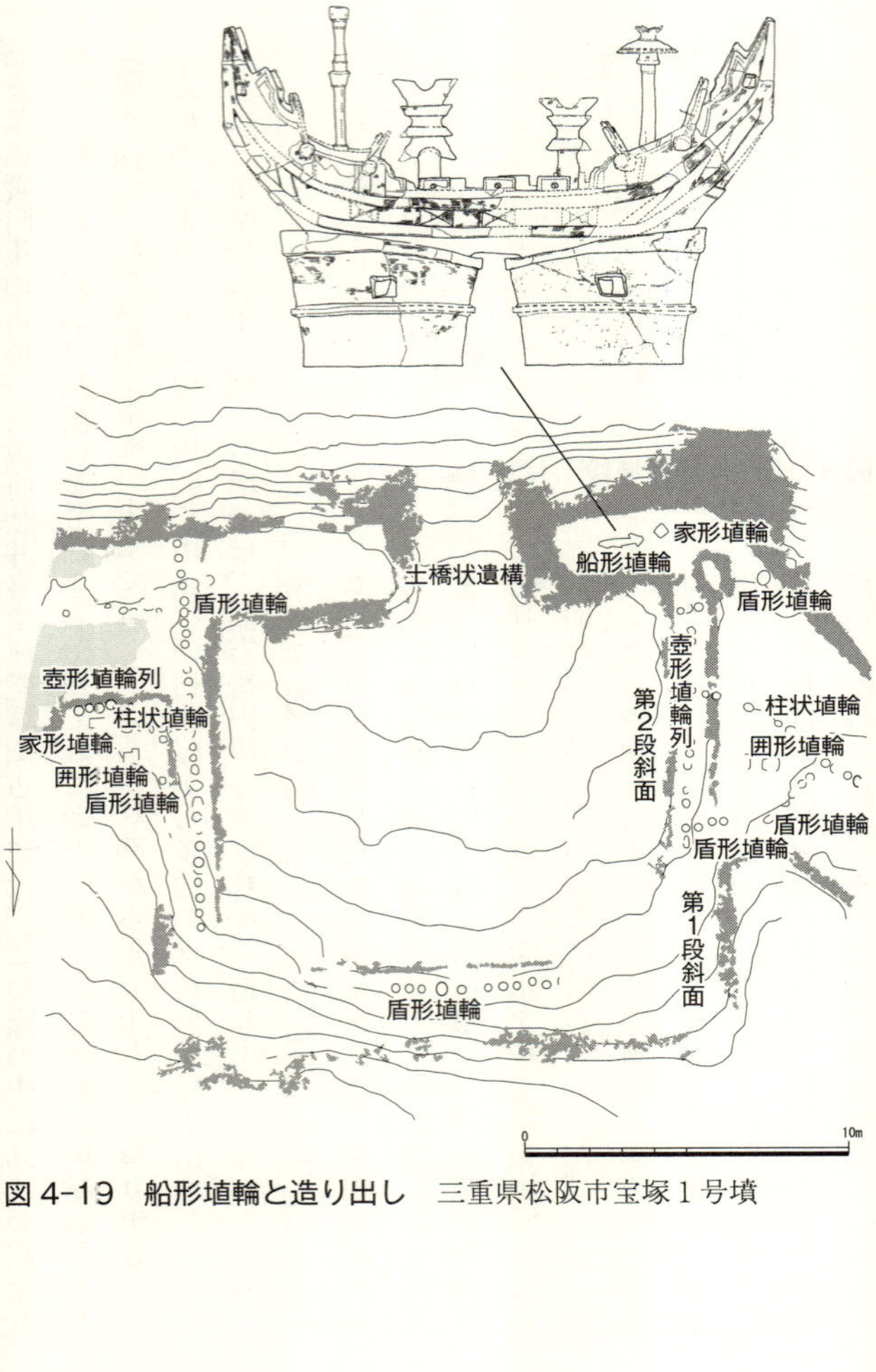

図 4-19　船形埴輪と造り出し　三重県松阪市宝塚１号墳

墳墓は人工的な構築物であるが、自然の景物を意識したところもあるのだ。ただし、それは現実世界の自然をかたどったものであるはずがない。こうした材料から、古墳の墳丘は中国で仙人が棲む山として信仰を集めていた崑崙山を表したものであり、仙界をかたどったのではないかとする説も提出されている。

†浄水を得る施設

神聖な山を海が取り囲む世界という見立ても魅力的だが、私は別の面に注目する。先に紹介したように、前方後円墳のくびれ部には導水施設形埴輪を置く例が多くみつかっている【図4-21】。

これは実際に存在した導水施設を模したものである。奈良県御所市南郷大東遺跡で発掘された五世紀の導水施設は、その全体がわかる好例だが、なかなか凝った設備である【図4-20】。まず山から流路を流れてきた水を堰き止めて溜める。その上澄みの水が木製の樋を通って下に流れる。それを大型の木製槽で受け、その中でさらに上澄みの浄水を得る。木槽のまわりには柱穴が見つかっており、建物の中で浄水を取る儀式がおこなわれたようだ。

時代は下るが、奈良県の飛鳥寺の近くからは、亀形石造物を用いた飛鳥時代の導水施設が発見された（明日香村酒船石遺跡）。これも湧水の上澄み水を何段階にもわたって浄化し

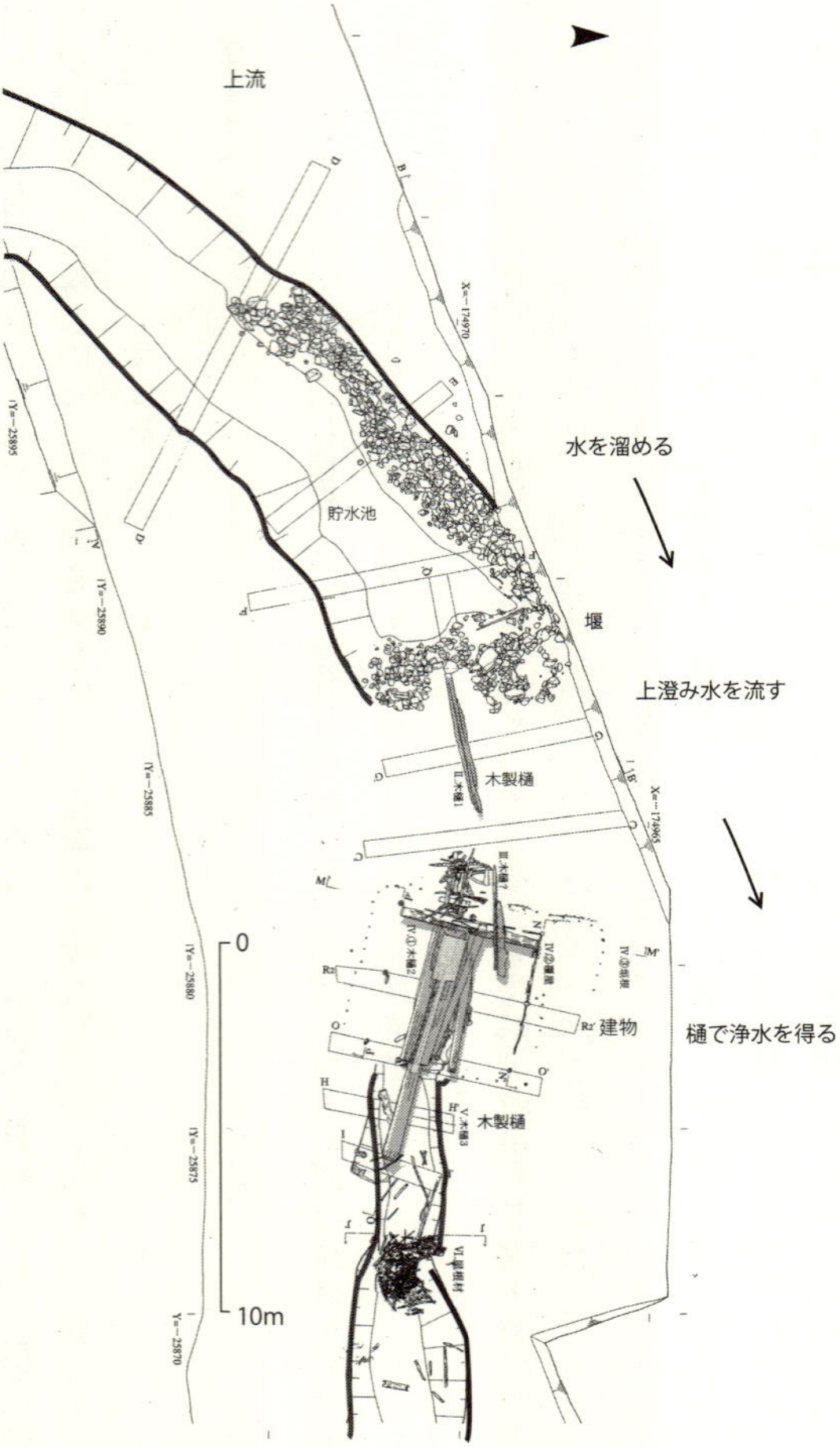

図 4-20　導水施設　奈良県御所市南郷大東遺跡

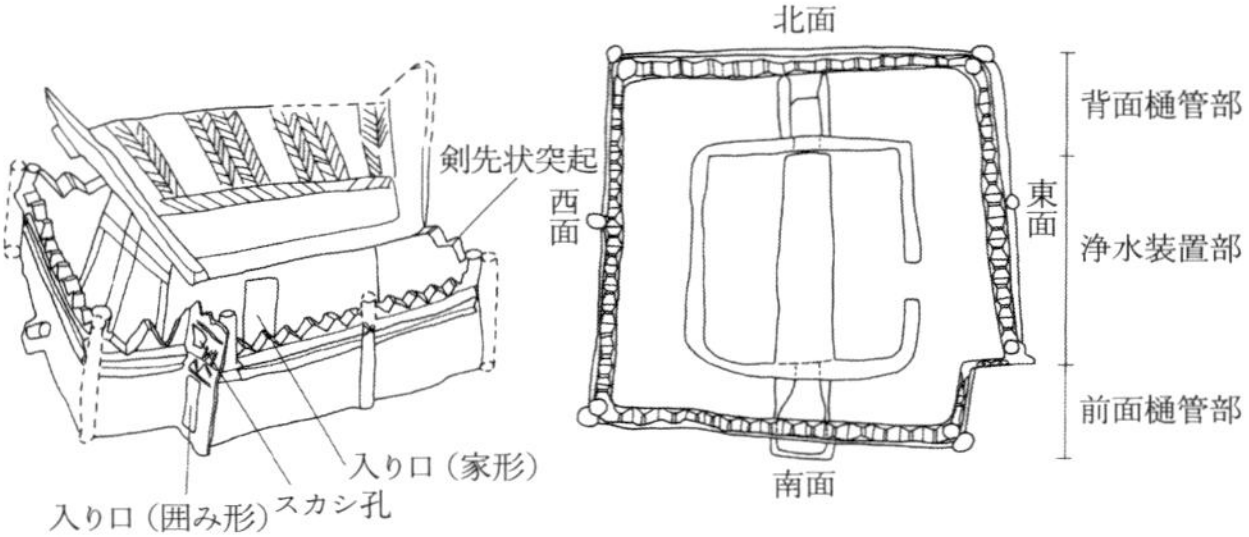

図 4-21　導水施設形埴輪　大阪府八尾市心合寺山古墳

てゆくための施設である。花崗岩を用いた精巧なつくりの亀形槽が浄水を溜める部分となる。王権中枢部の特別な設備で、祭祀に用いる浄水を得る風習が長く続いたことが確かめられる。

墳丘のくびれ部にそうした導水施設形の埴輪が置かれていたのは、神社の手水舎と同じく、墳墓内に入る者を水によってキヨメるという象徴的意味もあったのではないだろうか。同様に周濠も、邪なるものが清浄な墳墓に侵入しないように、水のキヨメの力によって、それを払う役割を果たしたのではないかと想定する。このようにみると、墳丘周囲も、埋葬施設と同じく「辟邪」の設備で囲まれていたと理解できるのである。墳丘を覆う葺石や埴輪列にも同様の意味を想定できる。

木製品を利用した導水施設は、前方後円墳の出現期から存在する。島状遺構や水鳥形埴輪・導水施設形埴輪など、水に関わる遺構・遺物は、四世紀後半の古墳から登場する。

三〜四世紀の前方後円墳や中小型墳は周濠をもたないものも多いので、上のような設備をそなえた古墳は一部に限られる。したがって、こうした観念がすべての古墳に存在したとはいえない。ただ少なくとも上位の古墳では、墳丘と水で聖域を形成し、「邪」のない世界をつくる意識が強く投影していたとみる。

†護る

倭の前半期の古墳に顕著なのだが、亡骸を「防護」しようとする意識がきわめて強い。三〜四世紀、古墳時代前期に流行した竪穴式石槨、粘土槨という埋葬施設は、物理的な面だけではなく、思想的な面からも念入りな防護の工夫がなされている。

竪穴式石槨は、死者を納めた木棺を大量の石材で囲み、覆って構築されたものである。粘土槨は、石のかわりに粘土で棺を覆ったものである。どちらも棺の周囲をくまなく覆い、塞ぐという機能は同じだ。竪穴式石槨の場合、上部を天井石という巨大な石材で蓋をする。墓穴の中に設けられたもので、その上は土で丁寧に埋め戻される【図4-22】。

これらは明らかに、外から邪悪なものが死者に接近するのを阻止するための工夫だ。やはり「辟邪」の意図が強くうかがわれる。

四世紀の後半からは石棺も使用される。五世紀の大王墳で用いられた棺は、石材を組み合わせてつくられた長持形石棺が主流だ。死者を保護するという点で石棺が木棺よりも重視されるようになった結果なのだろうか。後期に横穴式石室が採用されて、墓室に通路がついて出入りできるようになるのだが、近畿地方では死者自体は密閉性の高い石棺に納める例が多い。死者の保護は長きにわたって意識され続けたのである（和田晴吾さん）。

埋葬施設の構造とともに、防護の意識のあらわれが顕著なのは副葬品の配置法だ。先にも取りあげた黒塚古墳では、三三面もの銅鏡が棺の周囲、とくに被葬者の置かれていた部分を取り囲むように置かれていた。多数の刀剣類も同様の位置に並べられる。副葬品で被葬者を囲む配置法をとる前期古墳の例は多い。大量副葬でない場合は、頭部や胸部に銅鏡を置き、やはり死者に対する呪術的なはたらきを持たせる。

図 4-22　墳頂の竪穴式石槨　愛知県犬山市東之宮古墳

埋葬施設の構造、そこに置かれた副葬品にみられるように、こうした埋葬法は被葬者を幾重にも囲んで護るものである。そして注目しておきたいのは、辟邪という観念があるからには、なにか「邪」なるものの存在が意識されていたことになる。それは「聖域」を保護する観念と対比される。

†日常生活との距離

墳丘のあり方に加え、私が倭の古墳と中国・朝鮮半島の墳墓とのちがいが大きいと思うのは副葬品の性格である。

漢墓の例でも紹介したように、中国では死者があの世で生活するのに必要な器物、そして食糧自体を納めることが重要であった。食器などの生活用具や衣服、位の高い者は官吏の生活に必要な車馬や儀式用品なども副葬し、来世に持参する。倉や井戸など墓に持ちこむのには大きすぎる施設や身の回りの世話をする人間は陶製の明器として納める。「食」が一番重要であり、あの世の生活で困らないように「食大倉」という呪文を記した墳墓もある。死者の生活に移行してもとまどわないための「衣物疏」という副葬品を記したリストが出土する例もある。まるであの世への引っ越しのようだ。さらに廟や祠堂などを使用し、子孫が継続的に物品を伴献するのである。

来世での居宅を意図した墓室表現は、中国東北部や高句麗の壁画古墳に認められた。また朝鮮半島南部でも二世紀以降、大量の土器を副葬品として埋葬施設に納める例が増える。その中には飲食物が納められていたのであろう。

倭の墳墓でも、墳丘上や周囲において死者に飲食物を捧げる風習は存在した。しかし埋葬施設内、被葬者のそばに置かれたのは、三〜四世紀の古墳では銅鏡や装飾品、武器といった器物が中心で、日常生活用品はきわめてとぼしい。とくに飲食に欠かせない土器の副葬が少ないのが特徴である。

五世紀後半以降、横穴式石室の普及とともに、須恵器などの土器を埋葬施設に副葬するようになり、ようやく半島や大陸に近付いたようにみえる。須恵器の中に貝殻や魚骨など食物の残滓がみつかる場合もある。しかし、それらの土器は死者に供える器種が中心で、必要な食糧を大量に納めて死者に添え、来世に送り込むような気配は希薄だ。六世紀に至っても、武器や馬具などが副葬品の中心であり、日常生活に関わる製品は少ない。

こうした副葬品のあり方のちがいは、墳丘にみた倭の古墳の性格のちがいと重なる。来世や子孫など現実の生活とは切り離された存在として機能したのが、倭で発達をとげた古墳の特色である。

こうした聖域を大きな墳墓として表現する方式の登場は、二世紀の楯築墓に遡る。巨大な墳丘であるとともに、二つの突出部をもち、すでに通常の墳丘のかたちから逸脱している。特別な空間をあらわすために、特別な形態の墳丘を築いたものと考える。もちろん墳墓の大きさは、現実の権力の強さを反映するものでもある。しかし、それは地位や身分を直接に表示するというよりは、聖域のもつ霊力の大きさによって間接的に表徴するものだったのではないか。銅鏡、石製品、刀剣などの副葬品の数が序列をなすという特徴も、埋めてしまえば二度と確認も比較もできない点からすれば、死者に添えてその霊力の強さの証を示す意味があったと考えることもできる。

三世紀前半まではそうした墳墓の表現形態は地域によって異なり、共通性をもちえなかった。三世紀前半から前方後円墳形の墳墓にまとまってゆき、箸墓古墳の登場によって倭の広い領域に共有されるようになるのである。

5 カミとひと

†カミの表現

倭の墳墓に生活感が薄いのは、そうした聖域としての墳墓の性格にあるとみると納得できる。それは信仰の問題にも結びつく。

中国の漢代の資料を見ていて楽しいのは、さまざまな造形表現である。その中には西王母・東王父といった神仙など各種カミの像が頻出する【図4-23】。墳墓の装飾、陶器や銅鏡の図像など各所に神仙の姿が数多く描かれている。神獣鏡のモチーフもまさに神仙の世界であった。漢代の信仰対象の中心は、こうした「ひとのかたち」をしたカミである。遡ると殷代の青銅器の装飾は怪物の姿をした鬼神であったが、時代がくだるとひとの姿に移行してゆく。

図4-23　西王母像　銅鏡　中国四川省綿陽市何家山1号墓

漢代には、神仙への崇敬は皇帝など上層階級だけでなく、幅広い階層に浸透してゆく。その第一の効能は不老長寿にある。秦始皇帝が不老不死の薬を求めて多くの努力を払った話は有名だ。その願いをかなえてくれる存在が神仙であった。

神仙にもさまざまな種類があり、かならずしも超越的な存在ではなく、人間も修行や仙薬を通じて成りえるものと信じられていた。多少の表現の差はあるが、神仙は人間の姿として盛んに描かれ、崇敬の対象とされた。漢代末に仏像が到来した際、それらが「ひと」のかたちをした信仰対象としてスムーズに受容されたのは、神仙表現が浸透していたからであろう。神仙思想から発展した道教では、実在の人物も次々と信仰対象に組み込まれてゆく。

倭とのちがいをもっとも強く感ずるのは、こうした信仰対象の表現方法だ。

弥生時代から古墳時代前半は、「ひと」の造形表現自体がきわめて少ない。弥生時代には日常生活や祭祀の場面を描いた銅鐸や土器の一部に、人物の図がみられる。司祭者らしき姿を表すものもある。また近江地域では木偶と呼ばれる、木製の人形が墓に立てられた。関東では再葬墓に用いる土器に人面の表現がある。弥生時代終末期にあらわれる入れ墨状の表現を線刻で施し、人面文を表した土器も知られる。木偶や再葬墓など埋葬に関わるものは、祖霊を表現したものとみる説もある。ただし、いずれにしてもカミとして継続的に崇拝した対象を表すものではない。

古墳時代前期には、ひとの表現はさらに希少となる。古墳時代前期に倭で作られた鏡にもそれは当てはまる。その文様は漢の鏡を模倣したもので、神仙の図像なども真似て描くのであるが、表現や配置が大きく崩れる。中国の信仰や思想への理解はおろか、ひとの姿と認識されていたかどうか疑わしいほど変形してしまう【図4-24】。これらは権力者の所持品であり、その大部分は王権下で作られたものだ。当時のもっとも重要な信仰関係器物に、実は信仰対象は表現されていないのである。

考古資料で「ひと」表現が一般的になるのは、古墳時代中期に出現する人物埴輪をまつことになる。人物埴輪は祭祀や儀式に関わる人を表現したもので、もちろんカミを表したのではない。墳墓に限らず、祭祀遺跡でも人物の造形物はみつかっていない。仏教伝来によって仏像がもたらされるまで、倭では、ひとの形を崇拝することは基本的にはなかったのである。

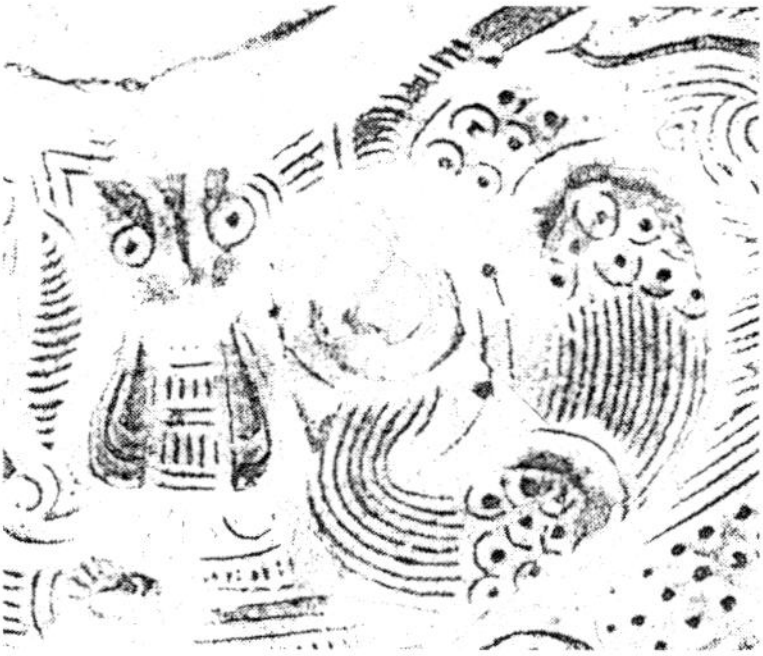
図4-24 倭製の鏡の「ひと」形図像
拓本

†間接的な表現

カミのような信仰対象を具体的に表現しないという点も、倭の特色である。その一方、信仰対象の「場」を間接的に表象する造形物は豊富にある。神聖な空間であることを器物で以て示すことが特徴であり、家屋、武具・武器、威儀具を表したものがある。

古墳に並べられた埴輪をみてみよう。古墳の中心部、埋葬施設の上部には方形の埴輪列が設けられ、そこには各種の器物の形をした形象埴輪が置かれる。一番中心にあるのは家形埴輪。高床式や平地式、屋根の形式にもちがいのある各種の家屋を組み合わせてある。まとまった建物群を表現する。

その周囲は、貴人の頭上に差しかける傘を模した蓋《きぬがさ》形埴輪のほか、矢の収納具を表した靫《ゆきがた》形埴輪、楯形埴輪、甲冑《かっちゅうがた》形埴輪など武具や威儀具の形象埴輪をめぐらす【図4-25】。それらは儀式に用いられたものであるのと同時に、邪をはらう器物であった。聖域を護り、また聖域の存在を表象する器物でもある。

聖性は場所自体にあり、その中心は家屋形で示される。武具はそうした聖なる存在を護る器物である。信仰対象は明示されないが、建物や器物でそれが置かれた場所の神聖性が間接的に表現されたのである。

現代の神社やその祭礼でも、直接にはカミは姿を表さないのが基本である。神像も一般的ではない。建物や乗り物となる輿などがその存在を間接的に示すのである。

三〜四世紀の朝鮮半島南部でも、ひとの姿として描かれたカミの像は希少である。一方、朝鮮半島北部、高句麗の壁画墓には中国の神仙の図柄が見られる。支配者層の墓にのみ表された図像であり、どこまで広く普及していたのかは分からないが、中国式の信仰はこの地域までは浸透していたらしい。『三国志』高句麗伝では「霊星」「社稷」を祀るとある。

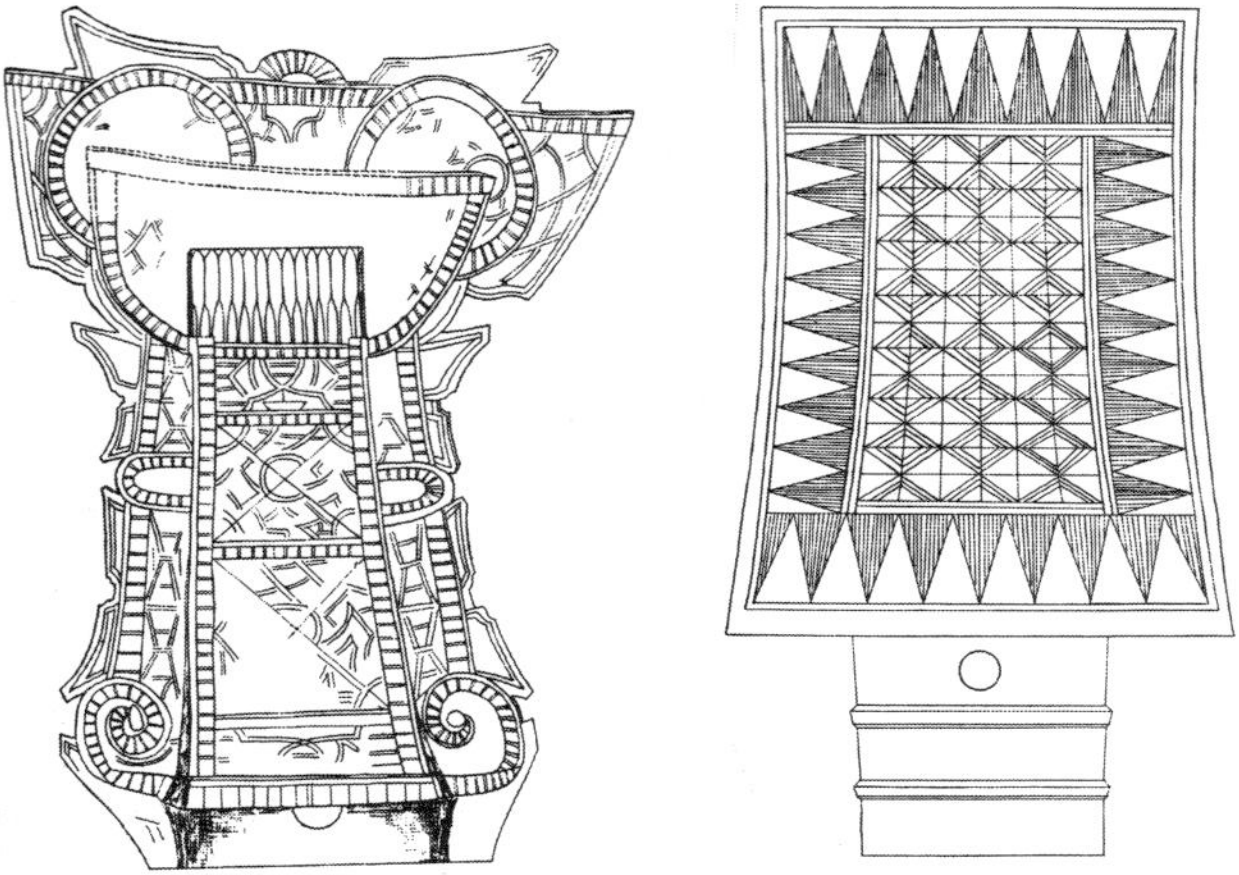

図 4-25　靫形埴輪・楯形埴輪　奈良県御所市室宮山古墳

北斗の図像表現などもあり、中国風の星神や土地神も崇拝対象とする。在地の信仰とともに、中国の神仙信仰や星宿崇拝などが流入していた。

東夷伝において、朝鮮半島各地に共通して登場するのは「鬼神」である。高句麗のほか、馬韓、弁辰で「鬼神」が祀られたとある。「鬼神」が何を指すかについては、祖霊とみるのが一般的だ。墳墓の特徴からみても、もっとも重要な信仰対象は祖霊であったのだろう。高句麗や百済などでは、その上に中国の信仰の影響が被さっていったものと考えられる。

†場に対する祭祀

倭において、墳墓以外で祀る対象を示

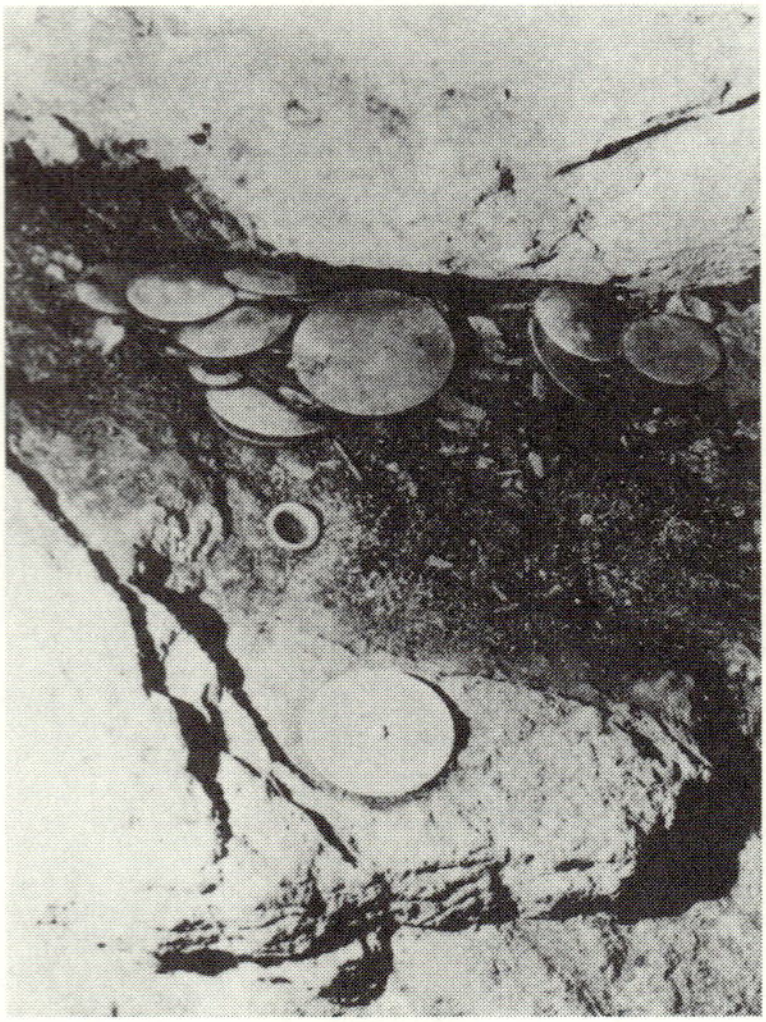

図4-26　沖ノ島祭祀遺跡　福岡県宗像市〔提供：宗像大社〕

すのは祭祀遺跡である。川のほとりや海辺、山麓、峠などで、土器や各種模造品がささげられた跡がみつかっている。

もっとも代表的な祭祀遺跡は、玄界灘に浮かぶ孤島、沖ノ島遺跡である【図4-26】。宗像大社の沖津宮が位置し、現在も信仰の対象となっている。三次にわたる発掘調査の結果、四世紀から七世紀にかけての大量の遺物が出土した。それらは島の巨石群の下や上面に奉献されたもので、二一面もの銅鏡がみつかった十七号遺跡など、大型古墳の副葬品に匹敵する内容の器物が出土した。九州から朝鮮半島にわたる海上交通に関係した祭祀遺跡である。

こうした岩、水、山、峠などに向けた祭祀は自然崇拝と関連づけるのが一般的であろう。ただ自然物自体が対象ではなく、それらが捧げられた「場」が重要であった。直接には、そうした場所の聖性が祭祀の対象となったのである。沖ノ島が大規模な祭祀場に選ばれたのは、絶海の孤島という条件が聖性を生み出したのであろう。

具体的になにを「聖」とし、なにを「邪」として怖れたのか、考古学の研究だけからは回答は困難だ。しかし、それは銅鏡や武器・武具など器物の呪術性によって、「まもり」「はらう」ことができるものと意識されていたことになる。

倭における古墳と祭祀遺跡にみられる信仰のあり方は重なりあう。そして中国や朝鮮半島は異なる方向に発展したことがわかる。

【コラム⑥】研究するひとびと

アニメにもなった『もやしもん』というタイトルの漫画には、農業大学の研究室に集う奇矯なひとびとの姿が活写されている。「菌」の研究に血道を上げる若者たちの群像だ。理系、文系にかかわらず、研究に熱中する人々はときおり我を忘れて研究対象に没入してしまうことがある。

考古学はモノを研究する学問であるから、ある特定の種類のモノを選んで深く深く検討を進める。日々、研究対象のことを考えているうちに、モノ自体を「愛」してしまう場合がある。私の研究仲間の一人は古墳好きが高じて、新婚旅行でも古墳のあるところを選び、二人で廻っていた。「一般人」の奥さんがどう感じたのかは知らない。旅行から帰ってきた彼曰く「やっぱり古墳っておもしろいですねえ。」蛇足ながら、家庭も円満で立派に両立していらっしゃる。

以前、埴輪を研究するひとびとといっしょに研究会を開催したことがあった。大きな研究会なので事前に準備会を何度か開いた。埴輪と「会話」するひとや、お気に入りのタイプの埴輪とならいっしょに一晩過ごしてもいいとのたまう愉快なひとたちが集まってきて最初は楽しかったが、本当に「埴輪漬け」の日々が待っていた。準備会での発表や討論で埴輪の話がたっぷり続くのは当然であるが、その後の懇親会（＝飲み会）、はたまた帰りの電車の中でもずっと埴輪のはなしで延々と盛り上がり続け、淡白な私はついに音を上げた。

はたからみると、そのような浮世離れした対象になぜそこまで知能と情熱をかたむけられるのか、理解しがたいかもしれない。しかし、研究するひとびとの頭の中には、資料が織りなす宇宙が広がり、そこには満天の星がきらめいている。好きなものをトコトン追い続けるひとたちは、この世の中を豊かなものとし、少しでも居心地のよい場にするのに不可欠な存在だと私は信ずる。

おわりに

紀元前一世紀、漢帝国の拡大とともに中国の文化が直接に影響を与えるようになり、東夷の世界は激変してゆく。銅鏡をはじめとする青銅製品、貨幣を用いた地域経済、鉄器や土器製作などの新技術、ひときわ大きな墳丘をそなえた墳墓を築く風習など、新しい器物や知識・発想がもたらされた。そうした交流が活発化し、地域同士の関係も変化してゆく。それは各地域勢力の渦巻を発展させる原動力となり、やがて多くの渦巻を統合した勢力が伸長する。そして三〜四世紀、後漢の滅亡と三国時代以降の分裂時期に、朝鮮半島と倭の各地で王権が成立し、巨大な墳丘と数多くの副葬品をもつ王墓が誕生する。

近年の考古学の調査研究は、遺跡や遺物など発掘された資料を通して、こうした変化の具体的な姿を明らかにしてきた。中国と倭というような地域間の単純な関係にとどまらず、本書では描き切れていないが、朝鮮半島と日本列島の各地のさまざまな交流の存在が確認されつつある。そうした影響が東夷世界の地域社会の発展、国家形成を促進させたことはうたがいない。

このように影響関係という面から地域同士を比較し、「つながり」の作用から地域社会の発展を描くのは、ある意味では考古学の常道的な説明方法だ。土地と密接に結びついた遺跡やそこからの出土品は、中央の記録が中心の文献史料と比べて、地域間の関係や変化の様相をきめ細かくたどるのに適する。

冒頭で触れたように、私も海外に調査に出かけた折にもっとも期待するのは、倭とのつながりがみえる資料の発見だ。つながりや共通性を示す要素が増えるほど、影響力の大きさを証明することができるのである。前方後円墳の発生に「国際的契機」をみる視点では、中国からの直接的影響力を示す考古学的材料が重要である。

その一方、地域間の比較からは、各地の「ちがい」の様相も浮かび上がる。第四章で述べたように、各地の物質文化に「ちがい」があることは当然だ。問題は、そうした相違が社会や体制の性格のどのような面の「ちがい」を反映したものかという点である。

権力者は巨大な墳墓を築くという点では共通する。また中国での政権や思想の変革期における大型墳墓の衰退に対する反作用として、東夷世界で王墓が発達するという点でもつながりが認められる。その一方で倭においては、墳墓の社会的役割や重視された要素が根本的に異なっていたのではないかと推定した。

中国や朝鮮半島の墓制においては、現実の社会や一族の維持を果たす存在として祖先を祀り続けることが、王権や社会の維持においてとりわけ重大な意義をもつ。墳墓と生活・政治空間が一体のものとして機能した。倭でも祖先崇拝・祭祀はもちろんあったが、墳墓は聖域として政治・生活空間とは切り離された存在であり、その役割は大きく異なっていた。それは辟邪やきよめなど独自の信仰や身体感覚にもとづいていた。

他地域の墳墓の歴史との大きなちがいは、前方後円墳を中心とする独特の墳墓の制度が七〜八世紀に消滅してしまうことにもある。こうした変化は、一般には政治・社会体制の変化、律令制国家の形成と関連づけられて理解されている。しかし、それは墳墓の変化を直接的に説明するものではない。大きな要因は、独特の墓制が社会や生活の根本的な仕組みと結びついていなかったことにもあるのではないか。

七世紀以降、倭は隋唐帝国や新羅と前代以上に密接な関係を結び、律令制や都城制、さまざまな文物の輸入など、政治・文化の各面でさらに多大な影響を受けるようになる。しかし中国式の墳墓の制度はついに導入されなかった。その独自性の淵源は前方後円墳の時代にある。

こうした「ちがい」を単に各地域の独自性、というだけで片付けないところに本書のもうひとつの力点がある。強いつながりとちがいとは、相反する関係にあるのではなく、それらが干渉しあって変化をもたらすのである。中国からもたらされた各種の器物や風習は、渦巻の間で分解され、つながりとちがいの中で改変され、さまざまな作用を及ぼした。それは、その後の日本や朝鮮半島の多様な歴史的展開に大きく影響する基盤を形成したものと考える。

本書で述べた、東アジア各地の比較論、規制の弛緩からの前方後円墳出現論、倭の墳墓の意味・機能論、各地の信仰の特質の見方など、もちろん資料にもとづいてはいるものの、実証性は不十分であり、発想段階にとどまる。発想といえば聞こえはいいが、思いつきにすぎない。

ただ個々の木ばかりでなく、ぼやけた眼であっても森を広く見渡すことも必要である。冒頭でも述べたように、無謀な挑戦ではあったが、今後もさらに実証的な研究を積み重ねてゆきたい。

主要参考・引用文献

赤塚次郎　一九九六「前方後方墳の定着――東海系文化の波及と葛藤」『考古学研究』第四三巻第二号
秋山進午　一九八二「中国における王陵の成立と都城」『考古学論考』、平凡社
秋山進午　二〇〇三「始皇帝の寿陵麗山と秦国国君墓地」『山岳信仰と考古学』、同成社
東　潮　一九九七『高句麗考古学研究』、吉川弘文館
東　潮　一九九九『古代東アジアの鉄と倭』、吉川弘文館
東　潮　二〇〇六『倭と加耶の国際環境』、吉川弘文館
東　潮　二〇〇九「『三国志』東夷伝の文化環境」『国立歴史民俗博物館研究報告』第一五一集
東潮・田中俊明　一九九五『高句麗の歴史と遺跡』、中央公論社
網干善教　一九七九「八角方墳とその意義」『橿原考古学研究所論集』第五
安城市歴史博物館　二〇一四『特別展　大交流時代　鹿乗川流域遺跡群と古墳出現前夜の土器交流』
池内　宏　一九三八『通溝』、日満文化協会
石川県立歴史博物館　二〇一五『朝鮮王朝　宴と儀礼の世界』
一瀬和夫・福永伸哉・北條芳隆（編）二〇一一～二〇一四『古墳時代の考古学』（全十巻）、同成社
卜部行弘　二〇〇一「墳丘墓の日中比較」『東アジアと日本の考古学』墓制一、同成社
王　巍　二〇〇一「中日古代墳丘墓の比較研究」『東アジアと日本の考古学』墓制一、同成社

大賀克彦　二〇〇二「日本列島におけるガラス小玉の変遷」『小羽山古墳群』清水町埋蔵文化財発掘調査報告書V、清水町教育委員会
大阪府立弥生文化博物館　二〇一三『弥生人の船　モンゴロイドの海洋世界』
大阪府立近つ飛鳥博物館　二〇一〇『二つの飛鳥の終末期古墳　河内飛鳥と大和飛鳥』
大庭　脩　一九七一『親魏倭王』、学生社
岡村秀典　一九九九『三角縁神獣鏡の時代』、吉川弘文館
小野山節　一九七〇「五世紀における古墳の規制」『考古学研究』一六巻三号
柿沼陽平　二〇一五『中国古代の貨幣』歴史文化ライブラリー三九五、吉川弘文館
春日井市教育委員会　一九九四『奴国の首都　須玖岡本遺跡』、吉川弘文館
金子修一　二〇〇一『古代中国と皇帝祭祀』、汲古書院
鐘方正樹　二〇〇四「日中における王陵の墳形変化とその関連性」『展望』第五号
京都帝国大学文学部考古学研究室　一九三〇『筑前須玖史前遺跡の研究』京都帝国大学文学部考古学研究報告第十一冊
久住猛雄　二〇〇七「「博多湾貿易」の成立と解体——古墳時代初頭前後の対外交易機構」『考古学研究』第五三巻第四号
黄　暁芬　二〇〇〇『中国古代葬制の伝統と変革』、勉誠出版
肥塚隆保・田村朋美・大賀克彦　二〇一〇「日本出土の古代ガラス　材質と変遷」『月刊文化財』五六六、第一法規出版

国立歴史民俗博物館　二〇〇九　『国立歴史民俗博物館研究報告』第一五一集、『三国志』魏書東夷伝の国際環境
近藤義郎　一九八三　『前方後円墳の時代』、岩波書店
近藤義郎　一九九八　『前方後円墳の成立』、岩波書店
佐原康夫　一九九一　「漢代祠堂画像考」『東方学報』京都六三
島根大学考古学研究室・出雲弥生の森博物館　二〇一五　『西谷3号墓発掘調査報告書』島根大学考古学研究室調査報告第一四冊
下垣仁志　二〇一一　『古墳時代の王権構造』、吉川弘文館
下垣仁志　二〇一二　「古墳出現の過程」『古墳時代の考古学』二、同成社
白石太一郎　二〇〇一　『古墳とその時代』日本史リブレット四、山川出版社
白石太一郎（編）　二〇〇五　『古代を考える　終末期古墳と古代国家』、吉川弘文館
白石太一郎　二〇一三　『古墳からみた倭国の形成と展開』日本歴史私の最新講義、敬文社
鈴木靖民　二〇一二　『倭国史の展開と東アジア』、岩波書店
蘇　哲　二〇〇七　『魏晋南北朝壁画墓の世界』、白帝社
高久健二　二〇一二　「楽浪郡と三韓の交易システムの形成」『専修大学東アジア世界史研究センター年報』第六号
高倉洋彰　一九九五　『金印国家群の時代　東アジア世界と弥生社会』、青木書店
武末純一　二〇〇五　「三韓と倭の考古学」『古代を考える　日本と朝鮮』、吉川弘文館

武末純一　二〇〇九「三韓と倭の交流」『国立歴史民俗博物館研究報告』第一五一集
武田幸男（編）二〇〇五『古代を考える　日本と朝鮮』、吉川弘文館
立岩遺跡調査委員会　一九七七『立岩遺跡』、河出書房新社
楯築刊行会　一九九二『楯築弥生墳丘墓の研究』
田中　琢　一九九一『倭人争乱』日本の歴史二、集英社
田中良之　一九九五『古墳時代親族構造の研究：人骨が語る古代社会』、柏書房
田村朋美　二〇一五「引き伸ばし法によるガラス小玉の系譜と伝播」『物質文化』九五、物質文化研究会
朝鮮古跡研究会　一九三四『楽浪彩篋塚』古跡調査報告第一
辻　秀人（編）二〇〇八『百済と倭国』、高志書院
辻田淳一郎　二〇〇七『鏡と初期ヤマト政権』、すいれん舎
都出比呂志（編）一九八九『古墳時代の王と民衆』古代史復元6、講談社
都出比呂志　一九九一「日本古代の国家形成論序説――前方後円墳体制の提唱」『日本史研究』三四三
都出比呂志　二〇〇〇『王陵の考古学』、岩波新書
都出比呂志　二〇一一『古代国家はいつ成立したか』、岩波新書
鶴間和幸・恵多谷雅弘（監修）二〇一三『宇宙と地下からのメッセージ――秦始皇帝陵とその自然環境』、学習院大学東洋文化研究所・東海大学
寺沢　薫　二〇〇〇『王権誕生』日本の歴史二、講談社

寺沢　薫　二〇一一『王権と都市の形成史論』、吉川弘文館
寺沢　薫　二〇一六「大和弥生社会の展開とその特質（再論）」『纒向学研究』第四号、桜井市纒向学研究センター
中村大介　二〇一五「楽浪郡以南における鉄とガラスの流通と技術移転」『物質文化』九五、物質文化研究会
奈良県立橿原考古学研究所　二〇〇三『南郷遺跡群』Ⅲ、奈良県立橿原考古学研究所調査報告第七四冊
難波洋三　二〇一六「銅鐸の価格」『季刊考古学』第一三五号、雄山閣
西相模考古学研究会　二〇一五『列島東部における弥生後期の変革――久ケ原・弥生町期の現在と未来』、六一書房
西嶋定生　一九八三『中国古代国家と東アジア世界』、東京大学出版会
西谷　正（編）　二〇〇二『韓半島考古学論叢』、すずさわ書店
橋本輝彦　二〇一二「邪馬台国――近畿説の一例　纒向遺跡の調査とその特質」『邪馬台国をめぐる国々』、雄山閣
廣瀬　覚　二〇一六「日韓の王陵および壁画古墳の比較研究序説――飛鳥時代と高麗・朝鮮時代を中心に」『日韓文化財論集』Ⅲ、奈良文化財研究所
福岡県教育委員会　一九八五『三雲遺蹟　南小路地区編』福岡県文化財調査報告書第六九集
福永伸哉　二〇〇一『邪馬台国から大和政権へ』、大阪大学出版会

藤井康隆　二〇一四『中国江南六朝の考古学的研究』、六一書房
藤井寺市教育委員会　二〇一三『津堂城山古墳』藤井寺市文化財報告書第三三集
北條芳隆・溝口孝司・村上恭通　二〇〇〇『古墳時代像を見なおす　成立過程と社会変革』、青木書店
朴　淳發（木下亘・山本孝文訳）　二〇〇三『百済国家形成過程の研究　漢城百済の考古学』、六一書房
朴　天秀　二〇〇七『加耶と倭――韓半島と日本列島の考古学』、講談社選書メチエ
前原市教育委員会　二〇〇〇『平原遺跡』前原市文化財調査報告書第七〇集
松木武彦　二〇一一『古墳とはなにか』角川選書四九三、角川書店
松阪市教育委員会　二〇〇五『三重県松阪市宝塚町・光町所在　史跡宝塚古墳　保存整備事業に伴う宝塚一号墳・宝塚二号墳調査報告』松阪市埋蔵文化財報告書一
峰山町教育委員会　二〇〇四『赤坂今井墳丘墓発掘調査報告書』京都府峰山町文化財調査報告書第二四集
村上恭通　一九九八『倭人と鉄の考古学』日本史のなかの考古学、青木書店
森岡秀人　二〇一五「倭国成立過程における「原倭国」の形成―近江の果たした役割とヤマトへの収斂」『纏向学研究』第三号、桜井市纏向学研究センター
八尾市教育委員会　二〇〇一『史跡心合寺山古墳発掘調査概要報告書―史跡整備に伴う発掘調査の概要』八尾市文化財調査報告四五
柳田康雄　二〇〇〇「平原王墓出土銅鏡の観察総括」『平原遺跡』前原市文化財調査報告書第七〇集
柳田康雄　二〇〇二『九州弥生文化の研究』、学生社

山尾幸久　二〇〇三『古代王権の原像』、学生社
楊寛（西嶋定生監訳）一九八一『中国皇帝陵の起源と変遷』、学生社
吉井秀夫　二〇一〇『古代朝鮮　墳墓にみる国家形成』、京都大学学術出版会
羅宗真　二〇〇五『古代江南の考古学』倭の五王時代の江南世界、白帝社
李成市　一九九八『古代東アジアの民族と国家』、岩波書店
劉慶柱・李毓芳（来村多加史訳）一九九一『前漢皇帝陵の研究』、学生社
劉振東　二〇一四『中日古代墳丘墓の比較研究』立命館大学文学部博士論文
和田晴吾　二〇一四『古墳時代の葬制と他界観』、吉川弘文館

韓国考古学会　二〇〇八『国家形成の考古学』
韓国考古学会　二〇一〇『韓国考古学講義』
韓国土地公社・韓国文化財保護財団　一九九八『慶山　林堂遺跡』一～六
韓国文化財管理局　一九七四『天馬塚発掘調査報告書』
漢城百済博物館　二〇一四『百済の王宮』
慶星大学校博物館　二〇〇〇～二〇〇三『金海大成洞古墳群』一～三
国立慶州博物館　二〇〇七『永川龍田里遺跡』国立慶州博物館学術調査報告第一九集
国立中央博物館　二〇〇一『楽浪』
国立中央博物館　二〇一二『昌原　茶戸里』一～七次発掘調査総合報告書

ソウル歴史博物館　二〇〇二『風納土城』
大成洞古墳博物館　二〇一三『東アジアの交易の架橋　大成洞古墳群』
福泉博物館　二〇〇九『神の鏡　銅鏡』
嶺南文化財研究院　二〇〇一『慶州舎羅里遺跡』Ⅱ

河南省文物考古研究所　二〇一〇『曹操高陵考古発現与研究』、文物出版社
河北省文物考古研究所　一九九六『嚳墓―戦国中山国国王之墓』、文物出版社
吉林省文物考古研究所・集安市博物館　二〇〇四『集安高句麗王陵』、文物出版社
高　文（編）　二〇〇〇『中国画像石全集』七四川漢画像石、河南美術出版社・山東美術出版社
湖北省荊沙鉄路考古隊　一九九一『包山楚墓』、文物出版社
蔣英炬・呉文祺　一九九五『漢代武氏墓群石刻研究』、山東美術出版社
蔣英炬・呉文祺（編）　二〇〇〇『中国画像石全集』一山東漢画像石、山東美術出版社
秦始皇帝陵博物院　二〇一二『秦始皇帝陵園考古報告（二〇〇九～二〇一〇）』、科学出版社
秦始皇帝陵博物院　二〇一三『秦始皇帝陵博物院』、三秦出版社
西安市文物保護考古所・鄭州大学考古学専業　二〇〇九『西安東漢墓』、文物出版社
中国社会科学院考古研究所　二〇一〇『中国考古学』秦漢巻、中国社会科学出版社
中国社会科学院考古研究所・河北省文物管理処　一九八〇『満城漢墓発掘報告』、文物出版社
張　衛星　二〇一四「秦始皇陵墓上建築研究」『秦陵秦俑研究動態』二期

青島市文物局・平度市博物館　二〇〇五　「山東青島市平度界山漢墓的発掘」『考古』六期
洛陽市第二文物工作隊　二〇〇九　『洛陽漢魏陵墓研究論文集』、文物出版社
洛陽市第二文物工作隊・偃師市文物管理委員会　二〇〇七　「偃師白草坡東漢帝陵陵園遺址」『文物』一〇期
洛陽市文物考古研究院　二〇一四　『洛陽朱倉東漢陵園遺址』、中州古蹟出版社
楊　寛　二〇〇八　『中国古代陵寝制度史』、上海人民出版社
楊　鴻勛　一九八七　『建築考古学論文集』、文物出版社

Oga, Katsuhiko and Tamura, Tomomi 2013 Ancient Japan and the Indian Ocean Interaction Sphere: Chemical compositions, chronologies, provenances and trade routes of imported glass beads in the Yayoi—Kofun periods 13th century BCE-7th Century CE, *Journal of Indian Ocean Archaeology*
Fairbank, Wilma 1972 *Adventures in Retrieval,* Harvard—Yenching Institute

応神陵古墳（写真右側）、墓山古墳（左手前）

図 4-21　八尾市教育委員会，2001，第 29 図
図 4-22　犬山市教育委員会提供
図 4-23　綿陽市博物館提供
図 4-24　『鏡研摺本』
図 4-25　奈良県教育委員会，1959，『室大墓』奈良県史跡名勝天然記念物調査報告第 18 冊，第 25・29 図
図 4-26　宗像神社復興期成会，1961，『続沖ノ島，図版 12』，宗像大社提供

参考文献後　寿福滋氏撮影

図 3-15　森下撮影
図 3-16　森下撮影
図 3-17　森下撮影
図 3-18　韓国文化財管理局，1974，図面 3・挿図 27
図 3-19　楽浪漢墓刊行会，1975，『楽浪漢墓』第 2 冊

第四章　つながりとちがいと

扉　鄭州市文物考古研究院・登封市文物局，2012，「河南登封唐荘宋代壁画墓発掘簡報」『文物』9 号，図 4
図 4-1　立岩遺蹟調査委員会，1977 より作成
図 4-2　奈良県立橿原考古学研究所提供，阿南辰秀氏撮影
図 4-3　青島市文物局・平度市博物館，2005
図 4-4　嶺南文化財研究院，2001，図面 6
図 4-5　慶星大学校博物館，2000，図面 19・31
図 4-6　岩本崇氏作成
図 4-7　中国社会科学院考古研究所ほか，1978，『満城漢墓』，文物出版社，図 6
図 4-8　西安市文物保護考古所ほか，2009，図 424・425
図 4-9　Fairbank, Wilma, 1972 Fig. 15
図 4-10　蒋英炬・呉文祺（編），2000，49
図 4-11　森下撮影
図 4-12　森下撮影
図 4-13　森下撮影
図 4-14　河南省博物館，1975，「霊宝張湾漢墓」『文物』11 期
図 4-15　大阪府立近つ飛鳥博物館，2010，273
図 4-16　犬山市教育委員会提供
図 4-17　寿福滋氏撮影
図 4-18　藤井寺市教育委員会，2013，図 66
図 4-19　松阪市教育委員会，2005 より作成
図 4-20　奈良県立橿原考古学研究所，2003，図 13 より作成

機，2008，『漢代物質文化資料図説』中国国家博物館学術叢書，上海古籍出版社，図版 37

図 2-6　国立中央博物館，2012 より作成

図 2-7　福岡県教育委員会，1985 より作成

図 2-8　Oga and Tamura, 2013, Fig. 1 を改変

図 2-9　森下作成

図 2-10　左：大阪府教育委員会・㈶大阪文化財センター，1983，『亀井』，第 166 図　右：大阪市文化財協会，1980，『瓜破北遺跡』，図版 35

図 2-11　韓国土地公社・韓国文化財保護財団，1998，図面 85

図 2-12　森下作成

第三章　古墳の発達と王権

扉　森下撮影

図 3-1　楊鴻勛，1987，図 14

図 3-2　楊鴻勛，1987，図 2

図 3-3　秦始皇帝陵博物院，2013 などより作成

図 3-4　森下撮影

図 3-5　頼非（編）2000，『中国画像石全集』2 山東漢画像石，山東美術出版社

図 3-6　湖北省荆沙鉄路考古隊，1991，図 29

図 3-7　中国社会科学院考古研究所，2010，図 7-2

図 3-8　森下撮影

図 3-9　洛陽市第二文物工作隊・偃師市文物管理委員会，2007

図 3-10　森下撮影

図 3-11　森下撮影

図 3-12　池内宏，1938，図版 45 上

図 3-13　森下撮影

図 3-14　森下撮影

挿図出典

はじめに

図1　森下作成
図2　森下作成

第一章　前方後円墳とは何か

扉　寿福滋氏撮影
図1-1　森下作成
図1-2　近藤義郎，1983，図42
図1-3　橋本輝彦，2012，図1
図1-4　寿福滋氏撮影
図1-5　寿福滋氏撮影
図1-6　愛知県埋蔵文化財センター，1990［廻間遺跡］愛知県埋蔵文化財センター調査報告書第10集
図1-7　都出比呂志編 1989，46
図1-8　池内宏．1938，図版25
図1-9　森下撮影
図1-10　森下撮影

第二章　ものとひとの往来

扉　京都帝国大学文学部考古学研究室，1930，図版第18
図2-1　森下作成
表2-1　森下作成
図2-2　森下作成
図2-3　楽浪絵葉書より
図2-4　『朝鮮古文化総鑑』第2巻13
図2-5　国立慶州博物館，2007，図面21：弩の使用法は，孫

ちくま新書
1207

古墳《こふん》の古代史《こだいし》——東《ひがし》アジアのなかの日本《にっぽん》

二〇一六年九月一〇日 第一刷発行
二〇一六年一〇月五日 第二刷発行

著者 森下章司（もりした・しょうじ）

発行者 山野浩一
発行所 株式会社 筑摩書房
東京都台東区蔵前二-五-三 郵便番号一一一-八七五五
振替〇〇一六〇-八-四一二三
装幀者 間村俊一
印刷・製本 株式会社 精興社

乱丁・落丁本の場合は、左記宛にご送付ください。
送料小社負担でお取り替えいたします。
ご注文・お問い合わせも左記へお願いいたします。
〒三三一-八五〇七 さいたま市北区櫛引町二-六〇四
筑摩書房サービスセンター 電話〇四八-六五一-〇〇五三

ISBN978-4-480-06910-8 C0222

ちくま新書

859 倭人伝を読みなおす　森浩一
開けた都市、文字の使用、大陸の情勢に機敏に反応する外交。——古代史の一級資料「倭人伝」を正確に読みとき、当時の活気あふれる倭の姿を浮き彫りにする。

895 伊勢神宮の謎を解く——アマテラスと天皇の「発明」　武澤秀一
伊勢神宮をめぐる最大の謎は、誕生にいたる壮大なプロセスにある。そこにはなぜ、二つの御神体が共存するのか？神社の起源にまで立ち返りあざやかに解き明かす。

1144 地図から読む江戸時代　上杉和央
空間をどう認識するかは時代によって異なる。その違いを象徴するのが「地図」だ。古地図を読み解き、日本の形を作った時代精神を探る歴史地理学の書。図版資料満載。

601 法隆寺の謎を解く　武澤秀一
世界最古の木造建築物として有名な法隆寺は、創建・再建の動機を始め多くの謎に包まれている。その構造から古代史を読みとく、空間の出来事による「日本」発見。

713 縄文の思考　小林達雄
土器や土偶のデザイン、環状列石などの記念物は、縄文人の豊かな精神世界を語って余りある。著者自身の半世紀近い実証研究にもとづく、縄文考古学の到達点。

1169 アイヌと縄文——もうひとつの日本の歴史　瀬川拓郎
北海道で縄文の習俗を守り通したアイヌ。その文化から日本列島人の原郷の思想を明らかにし、日本人にとって、ありえたかもしれないもう一つの歴史を再構成する。

1126 骨が語る日本人の歴史　片山一道
縄文人は南方起源ではなく、じつは「弥生人顔」も存在しなかった。骨考古学の最新成果に基づき、歴史学の通説を科学的に検証。日本人の真実の姿を明らかにする。

ちくま新書

791 日本の深層文化　森浩一
稲と並ぶ隠れた主要穀物の「粟」。田とは異なる豊かさを提供してくれる各地の「野」。大きな魚としてのクジラ。——史料と遺跡で日本文化の豊穣な世界を探る。

841 「理科」で歴史を読みなおす　伊達宗行
歴史を動かしてきたのは、政治や経済だけではない。縄文天文学、奈良の大仏の驚くべき技術水準、万葉集の数学的センス……。「理科力」でみえてくる新しい歴史。

846 日本のナショナリズム　松本健一
戦前日本のナショナリズムはどこで道を誤ったのか。なぜ東アジアは今も一つになれないのか。近代の精神史の中に、国家間の軋轢を乗り越える思想の可能性を探る。

863 鉄道と日本軍　竹内正浩
いつの時代も日本の急成長を支えた鉄道。その黎明期に、国内から半島、大陸へ、大日本帝国の勢力拡大に果たした役割とは。軍事の視点から国策鉄道の発展をたどる。

933 後藤新平——大震災と帝都復興　越澤明
東日本大震災後の今こそ、関東大震災からの復興を指揮した後藤新平に学ばねばならない。都市計画研究の第一人者が、偉大な政治家のリーダーシップの実像に迫る。

948 日本近代史　坂野潤治
この国が革命に成功し、わずか数十年でめざましい近代化を実現しながら、やがて崩壊へと突き進まざるをえなかったのはなぜか。激動の八〇年を通観し、捉えなおす。

957 宮中からみる日本近代史　茶谷誠一
戦前の「宮中」は国家の運営について大きな力を持っていた。各国家機関の思惑から織りなされる政策決定を見直し、大日本帝国のシステムと軌跡を明快に示す。

ちくま新書

890
現代語訳 史記
司馬遷
大木康訳／解説
歴史書にして文学書の大古典『史記』から「権力」と「キャリア」をテーマにした極上のエピソードを選出し、現代語訳。「本物の感触」を届ける最上の入門書。

1098
古代インドの思想
――自然・文明・宗教
山下博司
インダス文明の謎とヒンドゥー教の萌芽。アーリヤ人侵入とヴェーダの神々。ウパニシャッドから仏教・ジャイナ教へ……。多様性の国の源流を、古代世界に探る。

1147
ヨーロッパ覇権史
玉木俊明
オランダ、ポルトガル、イギリスなど近代ヨーロッパ諸国の台頭は、世界を一変させた。本書は、軍事革命、大西洋貿易、アジア進出など、その拡大の歴史を追う。

916
葬儀と日本人
――位牌の比較宗教史
菊地章太
葬儀の原型は古代中国でつくられた。以来二千数百年、儒教・道教・仏教が混淆し、「先祖を祀る」という感情に収斂していく。位牌と葬儀の歴史を辿り、死生観を考える。

744
宗教学の名著30
島薗進
哲学、歴史学、文学、社会学、心理学など多領域から宗教理解、理論の諸成果を取り上げ、現代における宗教的なものの意味を問う。深い人間理解へ誘うブックガイド。

660
仏教と日本人
阿満利麿
日本の精神風土のもと、伝来した仏教はどのように変質し血肉化されたのか。日本人は仏教に出逢い何を学んだのか。文化の根底に流れる民族的心性を見定める試み。

085
日本人はなぜ無宗教なのか
阿満利麿
日本人には神仏とともに生きた長い伝統がある。それなのになぜ現代人は無宗教を標榜し、特定宗派を怖れるのだろうか？　あらためて宗教の意味を問いなおす。

ちくま新書

1079
入門　老荘思想
湯浅邦弘
俗世の常識や価値観から我々を解き放とうとする「老子」と「荘子」の思想。新発見の資料を踏まえてその教えをじっくり読み、謎に包まれた思想をいま解き明かす。

1181
日本建築入門
——近代と伝統
五十嵐太郎
「日本的デザイン」とは何か。五輪競技場・国会議事堂・皇居など国家プロジェクトにおいて繰返されてきた問いを通し、ナショナリズムとモダニズムの相克を読む。

1073
精選　漢詩集
——生きる喜びの歌
下定雅弘
陶淵明、杜甫、李白、白居易、蘇軾。この五人を中心に、深い感銘を与える詩篇を厳選して紹介。漢詩に結実する東洋の知性と美を総覧する決定的なアンソロジー！

876
古事記を読みなおす
三浦佑之
日本書紀には存在しない出雲神話がなぜ古事記では語られるのか？　序文のいう編纂の経緯は真実か？　この歴史書の謎を解きあかし、神話や伝承の古層を掘りおこす。

1178
銅像歴史散歩〈カラー新書〉
墨威宏
歴史的人物や偉人の像、アニメのキャラクター像など日本全国の銅像を訪ね歩き、カラー写真と共に、エピソードや現地の情報を盛り込んで紹介する楽しい一冊。

1148
文化立国論
——日本のソフトパワーの底力
青柳正規
グローバル化の時代、いま日本が復活するカギは「文化」にある！　外国と日本を比較しつつ、他にはない日本独特の伝統と活力を融合させるための方法を伝授する。

1103
反〈絆〉論
中島義道
東日本大震災後、列島中がなびいた〈絆〉という価値観。だがそこには暴力が潜んでいる？　〈絆〉からの自由は認められないのか。哲学にしかできない領域で考える。

ちくま新書

946
日本思想史新論
――プラグマティズムからナショナリズムへ
中野剛志
日本には秘められた実学の系譜があった。『TPP亡国論』で話題の著者が、伊藤仁斎、荻生徂徠、会沢正志斎、福沢諭吉の思想に、日本の危機を克服する戦略を探る。

1017
ナショナリズムの復権
先崎彰容
現代人の精神構造は、ナショナリズムとは無縁たりえない。アーレント、吉本隆明、江藤淳、丸山眞男らの名著から国家とは何かを考え、戦後日本の精神史を読み解く。

1043
新しい論語
小倉紀蔵
『論語』はずっと誤読されてきた。それは孔子をシャーマンとして捉えてきたからだ。アニミズム的世界観に基づく新解釈を展開。東アジアの伝統思想の秘密に迫る。

1081
空海の思想
竹内信夫
「密教」の中国伝播という仏教の激動期に入唐した空海は何を得たのだろうか。中世的「弘法大師」信仰を解体し、空海の言葉に込められた「いのちの思想」に迫る。

1019
近代中国史
岡本隆司
中国とは何か？　その原理を解く鍵は、近代史に隠されている。グローバル経済の奔流が渦巻きはじめた時代から、激動の歴史を構造的にとらえなおす。

994
やりなおし高校世界史
――考えるための入試問題8問
津野田興一
世界史は暗記科目なんかじゃない！　大学入試を手掛かりに、自分の頭で歴史を読み解けば、現在とのつながりが見えてくる。高校時代、世界史が苦手だった人、必読。

064
民俗学への招待
宮田登
なぜ私たちは正月に門松をたて雑煮を食べ、晴着を着るのだろうか。柳田国男、南方熊楠、折口信夫などの民俗学研究の成果を軸に、日本人の文化の深層と謎に迫る。

ちくま新書

864
歴史の中の『新約聖書』
加藤隆
『新約聖書』の複雑な性格を理解するには、その成立までの経緯を知る必要がある。一神教的伝統、イエスの意義、初期キリスト教の在り方までをおさえて読む入門書。

956
キリスト教の真実
——西洋近代をもたらした宗教思想
竹下節子
ギリシャ思想とキリスト教の関係を検討し、近代ヨーロッパが覚醒する歴史を辿る。キリスト教という合せ鏡をとおして、現代世界の設計思想を読み解く探究の書。

1022
現代オカルトの根源
——霊性進化論の光と闇
大田俊寛
多様な奇想を展開する、現代オカルト。その根源には「霊性の進化」をめざす思想があった。19世紀の神智学から、オウム真理教・幸福の科学に至る系譜をたどる。

1102
エクスタシーの神学
——キリスト教神秘主義の扉をひらく
菊地章太
ギリシア時代に水源をもち、ヨーロッパ思想の伏流水であるキリスト教神秘主義。その歴史を「エクスタシー」の観点から俯瞰し、宗教の本質に肉薄する危険な書。

1026
ユダヤ人の教養
——グローバリズム教育の三千年
大澤武男
グローバルに活躍するユダヤ人。ノーベル賞受賞、世界企業の創業、医師や弁護士……。輝かしい業績を生む彼らの教養・教育への姿勢と実践を苦難の歴史に探る！

1035
大衆めし　激動の戦後史
——「いいモノ」食ってりゃ幸せか？
遠藤哲夫
「ありふれたものをおいしく食べる」。七〇年代以降、資本流入や流通の変化による「食」の激動の中で、自分の「めし」をハンドリングするための、生活めし論考。

1001
日本文化の論点
宇野常寛
私たちは今、何に魅せられ、何を想像／創造しているのか。私たちの文化と社会はこれからどこへ向かうのか。人間と社会との新しい関係を説く、渾身の現代文化論！